前　言

自2012年起，世界经济处于三场宏大技术变革的开端，它们分别是大数据、3D制造和无线网络革命。技术的变革将带来产业的变革，这些变革的背后将会充满无限的商机。“微创业”在这些变革中应运而生。

我国著名经济学家厉以宁认为，解决就业问题，首先是产业结构要调整，要加快第三产业的发展，这样可以吸引大量人员就业。其次要加大发展民营经济。最后要大力鼓励创业，发展“微创业”。他对“微创业”做出解释：“微型企业是指包括业主本人在内，职工人数不到20人，创业者注册资本一般在10万元人民币以下的企业。”

年轻人的就业问题，一直都是中国目前所面临的热点问题之一。在“微创业”涌动的背后，越来越多的年轻人开始走上创业之路。由于工作时间自由灵活、投资较小，“微创业”成了刚毕业的大学生、低薪收入者就业的一大选择。与此同时，14亿人0.1%的微小需求就潜伏着巨大的市场。

网络创业、工作室创业、在大卖场租个场地创业、加盟连锁创业、婚礼策划、个性化旅游策划、工作服装定做、小型园艺店、边打工边创业、兼职创业……许多敢于走在时代前面的年轻人，发挥着自己的创造力和想象力，开拓了自己的事业，赚得人生的第一桶金。正是这些年轻人的开拓创新汇成了今天值得许多后来的同学学习和参考的文本。

然而，就目前而言，国内关于“微创业”的书籍还未推出。我们正是本着指导大学生和有意向要“微创业”的年轻人开拓自身事业、参与创业比赛，培养他们的创业精神，塑造他们的企业家形象的目的著成此书。

本书以深入浅出、通俗易懂的方式对整个“微创业”的实现方法进行了细致入微的描述，内容丰富精彩，案例生动实用，并以参与高校大学生创业者的实例、访谈资料作为引导，是一本详细介绍如何成功进行“微创业”的行动指南，也是一本帮助参与创业比赛的同学在比赛中获得好成绩、脱颖而出的制胜宝典。

本书主要包括以下六个组成部分。

第一部分主要阐述了微创业的概念、各国创业的发展，以及中国微创业的现状。

第二部分主要提供了挖掘微创业商机的几种思路，并用大量的案例说明我们身边的商机。

第三部分主要介绍微创业的商业模式。

第四部分介绍了一种重点突出、简单明了、条理清晰的微创业计划书的撰写方法。

第五部分阐述微创业计划书在比赛和招商引资中的演讲方法，教会大家在1分钟内借助PPT，将自己的创业点子表达清楚。

第六部分给读者呈现了微创业的各类融资方式。

本书除了涵盖微创业从“准备”到“行动”的全程指南外，还采用了大量的真实案例，用案例摆事实，以求读者从案例中吸取经验，培养创业思维。

刘穆远　周　桥◎编著

中国首部面向“创客”的微创业指南
引领“互联网+”时代的创业新潮流

WEICHUANGYE QUANGONGLUE

微创业全攻略

审视中国微创业现状　挖掘微创业商机思路
详解微创业商业模式　微创业计划撰写范例

SPM
南方出版传媒
广东经济出版社
·广州·

图书在版编目（CIP）数据

微创业全攻略 / 刘穆远，周桥编著 .—广州：广东经济出版社，2015.7

ISBN 978-7-5454-3985-4

Ⅰ. ①微… Ⅱ. ①刘… ②周… Ⅲ. ①企业管理 Ⅳ. ①F270

中国版本图书馆 CIP 数据核字（2015）第 089874 号

出版发行	广东经济出版社（广州市环市东路水荫路 11 号 11～12 楼）
经销	全国新华书店
印刷	广州家联印刷有限公司 （广州市天河区东圃镇吉山村坑尾路 3—2 号）
开本	730 毫米×1020 毫米 1/16
印张	14.5
字数	193 000 字
版次	2015 年 7 月第 1 版
印次	2015 年 7 月第 1 次
印数	1～5 000
书号	ISBN 978-7-5454-3985-4
定价	35.00 元

如发现印装质量问题，影响阅读，请与承印厂联系调换。

发行部地址：广州市环市东路水荫路 11 号 11 楼

电话：（020）38306055 37601950 邮政编码：510075

邮购地址：广州市环市东路水荫路 11 号 11 楼

电话：（020）37601980 邮政编码：510075

营销网址：http：//www·gebook. com

广东经济出版社常年法律顾问：何剑桥律师

本书作为国内第一本微创业的著作，属一本实用的指导类书籍，为大专院校的本科生、硕士生、博士生及立志创业的年轻人提供了创业的宝贵意见与建议，以满足大学生参加微创业计划大赛、培养创业精神、积极投入创业行动的需要。

全书由华南理工大学刘志超、周兆晴负责策划、统筹结构及定稿。其中，第一章由周兆晴、梁月婷编写；第二章由刘志超、刘紫薇、卜清柔编写；第三章由周兆晴、范敏编写；第四章由刘志超、韩秀秀编写；第五章由周兆晴、姜胜林编写；第六章由彭青、姚思海编写。

作为主编，我衷心感谢各位参编者的信任和支持，也非常重视通过本书的编写而建立起来的彼此之间的友谊与合作。

在此，非常感谢华南理工大学创业教育学院创业导师们的大力支持，感谢穆远文化工作室全体专家和同仁的努力，本书的创意、构思、资料收集和整理等全过程都有你们辛勤的汗水和智慧的结晶。

非常感谢广东经济出版社赵世平先生，是您直接参与策划，并且坚韧地、不断地督促，才使得本书几经修改，终于与读者见面。

非常感谢英特尔中国和 IBM 中国创新中心的专家们，你们对高校学生创业创新活动的大力支持，不仅使我们感动，更重要的是为未来的教育模式和培养高精尖创新创业型人才提供了很好的支撑。

非常感谢上海交通大学创业学院、清华大学中国创业研究中心、中山大学创业学院、暨南大学创业学院、中国创业智库等有关创业研究单位的专家和领导给予的智慧支持。

感谢我的创业学生张高尚同学，他和他的创业团队用漫画的形式来诠释我们的微创业内容，在提供给我们的 60 多张漫画中通过广大学生和导师的投票选举，精选出现在的内容，使读者在阅读本书时兴趣更浓。

感谢我们所接触的在校大学生创业者和广大的年轻的创业家们，是你们的奋斗为我们提供了优秀的案例，也是我们写好本书的非常重要的基础。

“路漫漫其修远兮，吾将上下而求索。”创业之路需要我们脚踏实地，一步一个脚印，不断探索前行。这个时代赋予了我们创业的机会，就让我们抓住机遇，迈向成功吧！

刘志超

2015 年 5 月于广州 · 华南理工大学

bmzcliu@ scut. edu. com

穆远文化微信公共平台微信号：muyuanwh

目　录

第六章　创业融资

1

第一章

微创业时代

开篇案例

英国少年尼克·达洛伊西奥15岁时在自家卧室中研发出一款名叫“Summly”的手机新闻阅读软件，该应用以3 000万美元的天价被雅虎收购。尼克·达洛伊西奥也因此一跃成为全球最年轻的富豪。

Summly是一款新闻精简软件。它可以自动归纳新闻报道，把一篇文章的主要内容概括为1 000、500甚至140个单词，因此，能有效帮助读者快速提炼文章的中心思想。

尼克·达洛伊西奥12岁就开始自学编程，曾经推出过几款应用软件，包括可以帮助用户判断Facebook（脸书）上好友心情的Facemood以及一款可以用来帮助人们发现新音乐的应用软件。Summly程序推出后，更是在短短4周内就获得逾50万次的下载量，2012跻身为年度最佳iPhone应用之列。

早在2011年，达洛伊西奥的科技才华就得到了Zynga CEO马克·平卡斯以及中国香港富商李嘉诚的赏识，并斥资30万美元帮助达洛伊西奥创办了名为Trimit的公司。

随后，Summly还陆续获得了其他知名人士的投资，其中包括来自好莱坞的知名演员阿什顿·库彻（Ashton Kutcher）（电影《乔布斯》中乔布斯的扮演者）以及英国著名艺人史蒂文·弗莱（Stephen Fry），总计融资150万美元。

达洛伊西奥在接受路透社记者采访时表示：“钱就在那里，乖乖等待聪明的行动。如果你有好主意，或认为市场里有缺口，就行动起来，因为全世界的投资者都在寻找可以投资的公司。”

第一节　微创业时代来临

微创业黄金时代

2009 年 8 月，中国门户网站新浪推出“新浪微博”内测版，成为门户网站中第一家提供微博服务的网站，微博正式进入中文上网主流人群视野。2011 年 10 月，中国微博用户总数达到 2.498 亿，成为世界第一。

难以想象，短短 4 年里，短短 140 个字的碎片化信息，给我们带来的居然是一种颠覆性的生活方式。140 个字，让信息传遍全球；140 个字，让分享成为世界人民的行动；140 个字，让小人物高调地呈现自我；140 个字，让名人与百姓零距离……

从朋友之间无聊时的“织围脖”，到今天的微博营销、微博问政、微博打假等，微博似乎成了无所不能的“微”平台。微博改变的不再只是每个人的生活方式，更是一面呈现着中国社会生态的镜子：好的、坏的，丑陋的、善良的，大到地震时期的微博求救，小到草根一族的不公正待遇，都能瞬时成为全民关注的焦点。每一天，社会热点在微博上滚动，“微营销”在不断地运作，“微电影”在不断地推出……我们的生活中充满了“微事物”，“微生活”在不知不觉中席卷而来，成为全社会共同的生活方式。在这个“微窗口”中，却能看到整个大世界。

毫无疑问，这个时代的变革，微博“首战告捷”。而移动互联网、无线宽带、物联网、智能交互等技术的不断发展更是“后来居上”，功不可没。

手机，已经从一种通信工具变成了一个生活帮手，甚至是生活的必需品。“微生活”在手机上实现了只要动动拇指，聊天、购物、学习、游戏便应有尽有。在未来，手机将会逐渐代替电脑，成为人们获取信息、传递信息、加工信息的主要工具。音乐、阅读、资讯、健康、文化等各种生活娱乐信息通过微应用、微产品等迅速地被创造和传播，然后在各种手机、掌上电脑等微设备上获取。

“微事物”的飞速发展，使得人们日常生活中碎片化、便捷化、个性化的“微需求”日益增加。为满足这些“微需求”，各类五花八门的微创新、微应用、微产品、微健身、微旅游层出不穷。这些微型化、分布式、密集型的微经济实体正在逐步成为承载社会经济发展的有益补充。“微经济”作为新兴的经济形态在社会生活中发挥着越来越重要的作用并产生了深远影响。中国，正在迈向一个充满生机的“微时代”。

在这个“微时代”里，新兴科技成果与互联网不断地发生互动，而传统行业也正在不断地与互联网产生融合，这些互动与融合给当代经济带来前所未有的重大机遇。在互联网上，我们可以足不出户看世界；可以动动手指轻松掌握衣食住行，吃喝玩乐样样信手拈来。互联网这个虚拟世界正在与现实世界慢慢地融合联通：新的技术在这里研发，新的产业在这里发展，新的市场在这里开拓，新的产品在这里营销。线上线下逐渐变成一个不可分割的整体。互联网就像是一个等待开发的新兴经济体，聚焦着全球时代新人的眼球，吸引着无数创业者的涌入。

从前，创业对我们来说意味着四处找合伙人、筹集初创资金、找货源、找厂房、找店铺、招员工……即便是这样全身心地打点事业，天天奔波忙碌，在复杂的市场环境下，还是要随时面临着创业失败的风险，一不小心几万元甚至几十万元的投入顷刻间就会付诸东流。

如今，创业对我们来说只是在互联网上注册一个销售网站，在淘宝网上开一家虚拟店铺，在苹果商店出售一个APP，当一家“很多人的咖啡馆”的小股东，一边背包旅行一边把沿途风景分享到个人博客……创业变成了一件有趣的事情、一件简单的事情，变成了一项既快乐又能赚钱的工作；不再需要投入大量的资金、人力、物力，不再需要承担巨大的风险，更是有着大批的资深投资人、天使投资者四处寻找着各种有价值的小项目。

我们发现：市场缺口正在从传统行业转移至新能源、IT、新科技行业，正在从人们的现实生活转移至互联网的虚拟世界，正在从不断细分的服务业中得到更精确的定位。新的商机将在这里被重新挖掘。创业变成了一件“只有你想不到，没有你做不到”的事。新的创业模式——“微创业”应运而生了。在“微时代”，移动互联网给创业带来了无与伦比的契机，“微创业”的黄金时代到来了！

微创业发展历程

提起创业，人们马上会想到开店、办公司、搞企业。在这个时代，创业已不仅仅局限于这些“传统”的方式了，而是在不断地向多元化发展。

“微创业”是相对传统的“创业”而言的。“微创业”是一种非职业化的新兴创业模式，它是指用微小的成本、在细微的领域进行创业，简而言之就是小项目、小成本。其特点是投资小、见效快、周期短、可批量复制或拓展。大多数微创业是基于创新理念、创新产品、新兴科技，并借助互联网平台进行推广的“微型创业”。此外，还包括新能源资源整合、创业者的自身优势、专业技能创业等，常常被作为一份兼职工作，不需要占用创业者大量的时间。由于前期投入的各类资本较少，因此

“微创业”风险也较小，适合于个人投资。同时，也衍生出团队筹资，小股东、多成员共同经营管理的新模式。微型创业的主体是85后及90后的年轻群体，创新是这一创业模式的核心理念。

小成本创业的方式其实早就已经出现在我们身边的各行各业中。每一个大企业的雏形都属于“微创业”。但是受限于传统的创业观念，“微创业”一直没有被定义。直到2011年1月发起的“中国互联网微创业计划”提出了所有项目与互联网、移动互联网等技术和营销手段相结合，以实现成效最大化的“微创业”原则，“微创业”才被首次提出。

早期的“微创业”以微博营销为主。借助微博信息的病毒式传播，能够大幅降低商业推广成本。精明的幕后推手所制造的话题事件往往能使产品在微博上一炮而红。微博成功抓住了各类消费者的猎奇与分享心理：中国好声音的走红、SOHO潘石屹的个人营销、雀巢笨NANA的成功推广等，微博营销功不可没。

有了知名企业的成功案例，创业者们纷纷效仿，衍生出了五花八门的“微创业”。

苹果商店的APP每天都不断地有新的应用上架；阿里巴巴、淘宝等创业平台网站上每天都有新店铺加入；拼车成了一项新业务；帮人离婚的人开起了公司；爱编游戏的男孩所创作的“三国杀”桌游红遍了大江南北；很多人的咖啡馆开到了全国各地……

今天，“微创业”的模式还在不断地被创造。越来越多的年轻人加入到“微创业”的队伍当中。

《福布斯》中文版发布的“中国30位30岁以下创业者”名单显示：在登上该榜单的30位中国年轻创业者中，较为集中的年龄段是27岁，这个年龄的上榜者共有7人。在所有上榜的年轻创业者中，中国最为年轻的是20岁的PeakLabs创始人季逸超。

回顾历史，“年轻人”一直在改变世界。今天，超级技术变革正在进行中，变化的背后是挑战还是机遇？每一个时代都在造就英雄和传奇。钱就在那里，正在等待着聪明人的行动。“微创业”时代已经不期而至。你，想成为下一个传奇吗？

第二节　开放的创业环境

创业浪潮的掀起

在全球性资源短缺的经济形势下，创业成为一个国家保持经济活力和实现可持续发展的推动因素之一，也是解决大学生就业难题的一个有效途径。

美国是大学生创业的开拓国家，创业大赛和创业教育项目为美国的经济发展做出了重大贡献。自20世纪50年代起，创业风潮让美国独领风骚。

相关数据显示，在美国表现最优秀的50家高新技术公司中，有46%出于麻省理工学院的创业计划大赛。据麻省理工学院1999年统计，该校毕业生已经创办了4 000家公司，仅1994年这些公司就雇用了110万人，创造了23 220亿美元的销售额。

美国社会在这种创业氛围的熏陶下，出现了许多诸如比尔·盖茨这样的杰出企业家和微软那样的超级商业王国。因此，未来学家约翰·奈斯比特认为：创业是美国经济持续繁荣的基础。世界管理学大师彼得·德鲁克也认为：创业型就业是美国经济发展的主要动力之一，是美国就业政策成功的核心。

目前，美国有考夫曼创业流动基金中心、国家独立企业联合会、新墨西哥企业发展中心等机构以提供经费赞助创业大赛、奖励创业教育的优秀学生、开发创业教育课程等方式，对创业教育提供资金赞助支持。反过来，美国的青年创业同样促进了社会的稳定与经济的发展。

在今天，美国的创业环境变得更加理想：有政府政策的支持；在互联网的帮助下，每年交150美元就可以上投资人网站寻找投资资金；越来越多的美国父母早早就用孩子的名字在银行存钱，作为子女长大后的创业启动资金；找父母、朋友集资创办企业的青年人比过去更多了；当然，有良好的借贷信誉，到银行或投资公司贷款也不失为一个好办法。

近年来的发展趋势是：过去，人们创办企业首先想到银行、投资公司的传统做法正在发生改变，青年人更愿意走别的路子筹集资金。美国还有许多协会、咨询公司愿为青年人创业出谋划策。创业的培训班、讲座、书刊更是不计其数。可谓全国上下都十分关注青年创业，这是美国青年人创业成功率的重要原因之一。

在中国，个人的职业生涯规划同样随着国内外环境的变化而变化：20世纪80年代中国人下海经商，90年代中国人就职于国有、民营企业，21世纪越来越多的中国青年实现“微创业”。

一个好的阶梯，是成就梦想的重要前提

2011年3月份的两会期间，“微创业”就以提案的形式被两位两会代表陈天桥、厉以宁提出，瞬时成了两会期间的热门词汇。全国政协委员、著名经济学家厉以宁认为：解决就业问题，可以鼓励“微创业”。

盛大网络董事长陈天桥在接受《羊城晚报》记者采访时表示，他2011年的提案就是如何实现“微创业梦想”。比方说在淘宝上作为电子商务卖东西，淘宝上365万的卖家，他们没有所谓上班的概念，就是自己开小店。包括最近“火”起来的旭日阳刚和西单女孩，他们一出名，马上就有经纪公司找他们，出场价非常高，这就是微创业。

2012年8月，教育部将创业基础课程纳入高校学生必修课，各大网络、企业平台陆续推出了相关的微创业平台。

“挑战杯大学生创业大赛”“商业计划大赛”等模拟创业的参赛人数年年剧增，参与创业比赛的许多创业计划都得到主办方的青睐，甚至直接获得投资人的投资。许多大中城市鼓励大学生创业，专门设立大学生创业基金及中心型企业孵化基地，为创业者提供无息贷款和创业技术支持。天使投资者与风险投资基金也越来越多地涌进中国。

无论是发达国家还是发展中国家，社会的创业环境变得越来越好，创业氛围也日益浓厚。

创业步伐的迈进

互联网对这个时代的影响是广泛而深远的。它就像是一个巨大的信息资源库，存储着全球各行各业、各式各样的数据，利用它我们可以实现全球范围的信息共享。

而移动互联网的发展已经到了令人难以置信的地步，它不仅让人们能够把这个全球性的资源库随身携带，还把市场这一实体带到人们的手边，更让市场细分达到了一种极致，市场因移动互联网的发展呈现出新生态。

2013年5月16日，苹果公司宣布，App Store应用商店下载量突破500亿次，创造苹果商店的新里程碑。

500亿次的下载量是一个何等惊人的数字？这意味着全球平均每一个人下载6个应用。5年前乔布斯在设立苹果App Store时也绝不会想到如今安装在手机中的小小应用已经成为主宰手机的灵魂功能。我们从App Store在数量上和速度上的增长情况可得知：用户对App Store的需求已经远超人们的预想。在未来，我们可以相信：人们对手机应用的需求远远超过手机本身。

人们需要随时随地获取信息：股票、天气、酒店、航空……正是源于人们对生活便捷性的需求，才促生了各类手机应用。移动互联网在不断占领人们生活的方方面面，各类应用平台也为创业者提供了更大的发展空间。

与此同时，新能源技术的诞生也为创业者提供了更多的创业机会。

在世界能源危机的大环境下，各国都在不断努力寻找、开发新能源技术。特别是金融危机爆发以后，美、欧、日等经济体纷纷将新能源的发展放在重要的战略地位，各国相继出台能源政策，欲抢占新能源发展和第三次工业革命的先机。新能源已不再仅仅是应对人类能源匮乏和对低碳生活方式的追寻，而正在成为可持续经济发展的突破口。伴随新能源技术而产生的经济产业将会对社会大众生产、民众生活带来重大革新。

科技与文化是创业必不可少的硬件与软件

绿色能源、清洁能源走进各家各户，对于创业者来说又将会是新的机遇与挑战。毋庸置疑，新一轮的创业风潮将会再次掀起。

在德国，新能源企业每年产值达到250亿欧元，创造的就业岗位超过25万个。如今，全世界每三块太阳能电池板、每两个风力发电机，就有一个来自德国。新能源技术让德国成了“创业天堂”，世界各国的新能源产业的发展也同样会给创业者、创业项目注入新的活力。

下一次科技革命的步伐正在向我们不断迈进。创业，是时代赋予年轻人的机遇与使命，每一个人都有机会主导未来的世界，实现微创业需要的只是把想法变为行动。

第三节　迎接微创业的准备

实现微创业看似简单，但也存在一定的风险。机会是留给有准备的人的，创业不是一时冲动，理应经过深思熟虑且充满激情。创业也需要训练、需要积累。有创业的愿望，你就成功了一半；有创业的行动，成功就在眼前。并不是每个人都是天生的创业者，但每一个人都有把握创业机会的可能。微创业，你准备好了吗？

创业者应具备的素质

1. 敏锐的洞察力

敏锐的洞察力是“微创业”者必备的素质之一。它能帮助创业者及时洞悉消费者的需求，识别市场空缺。当然，洞察力和眼光不是一天两天就能培养出来的，除了那些天生的企业家，我们必须通过后天学习来填补。一个见识广博的人对事物特性的捕捉自然会比普通的人更敏锐。因此，想要“微创业”，就应当不断地学习、不断地充实自我。

这里有一个有趣的例子：王妈妈在家帮孩子检查作业，发现孩子写的小作文虽稚气可爱，但每一篇都存在标点符号、语气语序的问题。经过一段时间妈妈的耐心辅导，孩子的作文水平得到了很大的提高。王妈妈突发奇想，决定在网上的亲子论坛上发帖说自己能提供辅导孩子写作文的服务。渐渐地，一些工作忙的父母开始主动找上王妈妈，王妈妈的工作也得到了家长和孩子的肯定。就这样，王妈妈在论坛上开始有了名气，慕名而来的家长络绎不绝，王妈妈开始有了可观的收入。

王妈妈的“微创业”点子，源于生活而高于生活。试想改作文这样的小事，相信对大多数大学生来说都可以胜任，但并不是每一个人都能想到的。

2. 果断的决策能力

世界著名的成功学大师拿破仑·希尔认为天下最悲哀的一句话就是：“我当时真应该那么做却没有那么做。”这句话告诉我们做事情一定要当机立断、把握时机。

“微创业”虽风险小，但也会给创业者带来机会成本。特别是在IT、生物、能源产业，研发一种新的技术、新软件需要耗费大量的时间和精力，而这种耗时、耗力的工作并不都能得到结果。因此，只有那些有胆识、不畏失败的人才适合创业。

要想实现“微创业”，就要和时间赛跑，果断决策才能把握商机。试想某人碰到了一个好项目，却顾虑重重不敢下手，只能眼睁睁地看着机会从眼前溜走。信息社会拼的就是速度，创意点子并不是你一个人的专利，新产品一经推出也会立即被模仿。抢占了先机也就获得了市场。

3. 自信

日本八佰伴集团创始人和田一夫开始创业时仅经营一家小水果铺，还被一场大火烧得“赤手空拳”。但是，在“不摧毁旧的，就不能建设新的”信念支持下，他最终东山再起，成为名噪一时的创业家。

人的意志可以发挥无限力量，可以把梦想变为现实。对创业者来说，信心就是创业的动力。要对自己有信心，对未来有信心，要坚信成败并非命中注定而是全靠自己努力，更要坚信自己能战胜一切困难。

4. 持之以恒

在创业的道路上，不是每个人都能随随便便成功。既然是创业，必然包含了艰辛与收获。万事开头难，开创一项事业之初，总会面临许多的困境，如果轻易地放弃，就很难享用到最后的成果。“微创业”虽不像80年代下海那样大动干戈，但往往许多年轻人容易忽视关键问题或因失去挑战性而选择放弃。

我们都应该用长远的眼光看待问题，每一个商业帝国的雏形都是从“微创业”开始的。一个人在创立之初若因为一点难题就选择放弃，那再简单的事业也可能失败。我们要知道，越是光明之地，越是荆棘密布，“微创业”远没有想象的那么简单。如同前文提到的王妈妈，简单的事长期坚持下来就成了事业。事业不持之以恒，我们永远也不知道自己能走多远。

5. 诚信

风险投资界有句名言：“风险投资成功的第一要素是人，第二要素是人，第三要素还是人。”此话足以证明风险投资家对创业者个人素质的关注程度。在他们看来，创业项目、商业计划、企业模式等都可适时而变，唯有创业者品质难以在短时间内改变。创业者品质决定着企业的市场声誉和发展空间。不守“诚信”或可“赢一时之利”，但必然“失长久之利”；反之，则能以良好口碑带来滚滚财源，使创业渐入佳境。

创业的成功需要众多因素的结合

创业前准备

要成为一个优秀的创业者，就要在平时的生活中严格要求自己，有意识地为创业做准备。

1. 学习专业课程

目前，很多大学已经开设了创业学课程，这些课程能让同学们在整体上对创业有所把握，有助于有创业意向的同学明确目标、找准方向。

专业知识对创业者来说就更重要了，特别是IT技术、制造技术等技术手段，是“微创业”的主导方向。大学生更应该学好专业知识，为“微创业”做好准备。

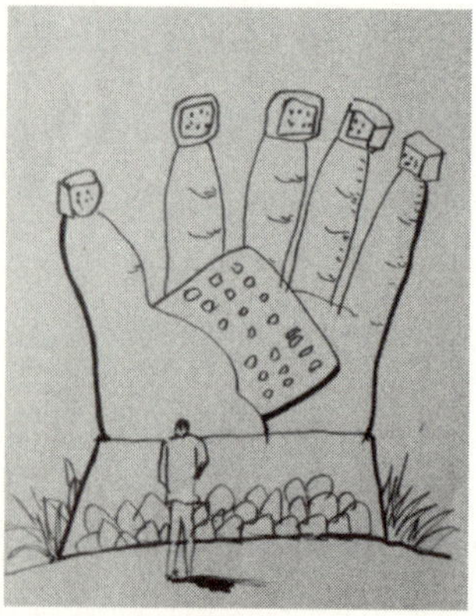

科技是关键

2. 参加商业、创业比赛

许多高校和知名企业每年都会开展许多创业竞赛，如“挑战杯”大学生创业竞赛、销售比赛、商业计划比赛等。参加这些模拟创业竞赛有助于增强个人的团队协作意识、解决困难的能力等，为日后创业进行模拟训练。

3. 业余时间多实践

小王是某大学的大一学生，由于家境不太好，生活费往往是捉襟见肘。为了减轻家里负担，他决定通过做点小买卖来赚钱补贴生活费。他发现学校里很多同学都不愿意早起买早餐，于是，他决定通过帮同学买早餐赚取一些“辛苦费”。虽然每天赚的钱不多，但足以补贴他当天的生活费了。这一看似微不足道的业余实践，却让小王锻炼了吃苦耐劳、与人打交道、解决问题的能力。毕业后，小王创业了，现在他已经是一家餐饮公司的老板。小王说：“自己有今天的成绩，多亏了大学时候的创业训练。”

创业前要做好万全准备才能事半功倍

4. 培养兴趣爱好

乔布斯说过：“成就一番伟业的唯一途径，就是热爱自己的事业。如果你还没能找到自己热爱的事业，继续寻找，不要放弃。跟随自己的心，总有一天你会找到的。”

上文提到的王妈妈的例子，她的一技之长就是改作文，加以利用后，她成功实现了“微创业”。关于兴趣爱好成就的“微创业”，我们来看看刘先生的例子。

刘先生喜爱旅游和摄影，从上大学开始，他就利用课余时间去旅游。他常常背起背包、拿着一部相机就开始自己的旅途。在旅途中，刘先生经常会遇到各种各样有趣的人和事，看到美丽的沿途风景。刘先生喜欢用文字记录下这些遇见过的人和事，并用相机拍摄记录下来，放到自己的博客上与朋友一起分享自己的旅途见闻。几年下来，他的博客点击率不断地攀升，他成了圈子里小有名气的旅行达人。一天，他接到了某家杂志社的电话，邀请他担任该杂志旅游板块的编辑。就这样，刘先生不但通过旅游获得了生活的乐趣，还将其变为自己的职业。这就是我们生活中有趣的“微创业”。

5. 积累创业资源

再小的创业也需要具备足够的资源，盲目进行投资或行动，很容易落得失败的下场。这些资源包括：一定的资本、行业经验、客户资源、技术创新、经营管理、领导能力等。具备了这些资源，再将自己的创业规划整合成一份“微创业”计划书，便能对创业计划进行控制与调整。本书的第四部分将对如何撰写计划书进行详细的介绍，帮助创业者制订出一份能够在商业竞赛中脱颖而出的“微创业”计划。

创业机遇总是留给有准备的人

第四节　案例研究

特斯拉汽车：下一个“苹果”

最高时速 210 公里，0～100 公里加速只需 6.5 秒，一次充电续航里程 480 公里，内部设备包括一块 17 英寸的触屏和两个 USB 端口，这就是最近红遍美国的特斯拉电动汽车的第二代产品 Model S。它的第一批用户声称：驾驶 Model S 就如同使用苹果产品 iPad 一样方便。

特斯拉汽车公司成立于 2003 年，总部位于美国加州硅谷，名字源于电磁物理之父尼古拉·特斯拉。公司专门致力于研发并生产纯电动汽车，已先后在美国市场推出了双门超级跑车 Roadster 和四门豪华电动跑车 Model S。2010 年 6 月，特斯拉成为 1956 年福特汽车以来第一家上市的美国汽车制造商，也是目前唯一一家在美国上市的纯电动汽车独立制造商。

特斯拉昂贵的原因是使用锂电池作为动力，其单价约在 11 万美元。尽管如此，这款新能源汽车一经推出还是立刻获得了高端市场的青睐。据悉，2013 年首季度，美国市场特斯拉共计售出 4 750 辆。相比之下，奔驰 S 级和宝马 7 系的销量分别为 3 077 辆和 2 338 辆，奥迪 A8 为 1 462 辆。

美国外交关系委员会高级研究员、能源安全和环境变化项目主任迈克尔·莱维尼说：“将电动车卖给富人是一种推广新能源汽车的最好办法，这样才能使美国摆脱对石油的依赖，对于国家安全有着不可估量的意义。”

目前，特斯拉正在努力推进创新，制造比靠汽油获得动力的传统汽车更具竞争力的电动汽车，进一步提升市场对电动汽车的需求，拉低石油消费。不过，就当前的发展态势来看，短时间内期待价廉物美的特斯拉产品，似乎并不现实。但公司创始人兼首席执行官埃隆·穆斯克表示，公司目标是让美国总人口中的 10% 能够买得起特斯拉汽车旗下新款Model S。

科技的进步到了让我们难以想象的地步，这样一辆曾经只有在科幻影片中出现的汽车，如今已经驶入了我们的现实生活，下一秒世界会变成怎样我们不得而知。现在，特斯拉正与谷歌商谈自动驾驶技术与电动汽车结合的可能。新能源与 IT 业的结合，特斯拉汽车将会引爆新的汽车革命，成为下一个“苹果”指日可待。

2

第二章

发现微创业商机

第一节　商机开启创业之路

面对一个又一个的成功创业者，我们不禁要问，是什么成就了他们？现代管理学之父，彼得·德鲁克认为是“企业家精神”成就了一个又一个商业传奇，他在著名代表作《创新与企业家精神》中指出：“创新是特殊的企业家精神，创新行动赋予资源一种新的能力，使它能够创造财富。”

他认为，成功的企业家不会坐等缪斯的垂青，赐予他们一个好主意。无论动机是什么，他们始终试图去创造价值或有所贡献。

而创造价值或有所贡献的前提就是商机的发现与把握。

商机，顾名思义就是商业机会。

何为机会？庞统献“连环计”，黄盖施“苦肉计”，而最终的“东风”才是推动一切计谋、成就赤壁之战传奇的关键点，这就是机会。

在李嘉诚眼中，一个新事物出现，当只有5%的人知道的时候，赶紧做，这就是机会，做得早就是先机；当有50%的人知道时，你做个消费者就行了；当超过50%的人知道时，你看都不用看了。

在电影《中国合伙人》中，优秀的老孟同学走出国门，来到传说中的自由王国，但不尽如人意的生活迫使他回国。此时，中国涌现出一股旷日持久的出国镀金热潮，于是，三个年轻人乘风破浪，把握住了这个千载难逢的好机会，以突击教育为商机，把一批批学子送出国门。成功=机会+特色实力+永不停歇的梦想与前行，这便是《中国合伙人》想告诉我们的。

这部被称作“中国‘九二派’企业家商业历程的‘致青春’”的国

产电影，无疑是在怀念那些洋溢着青春的激昂和冲动的创业者，那些中国最早具有清晰、明确的股东意识的企业家，以及那个为创业者提供了成长空间的大时代。

也许很多人并不知道，王石和俞敏洪都是在“九二”大潮中成长起来的。

马云有一句很经典的名言：如果阿里巴巴能够成功，那么所有的创业者都能成功。他的意思是中国市场并不缺乏机会，而是缺乏发现机会的人。

的确，商机其实是生活给人们的暗示，它像空气一样，无处不在，却常常被大多数认为理所应当的人忽略。

只有那些在生活中处处留心、细致观察，并具有敏锐洞察力和思考能力的人，才能感知到这种暗示，撩开沙尘，独见真金。

但是，值得注意的是，有商机不一定就适合创业。也就是说，发现商业机会并不等于创业就会成功。能够成功创业的机会具有吸引力强、持久、适时的特性，只有真正可以为客户或最终用户创造或增加价值的产品与服务，才是真正的创业商机。

创业依赖商机。特定的机会是否能为创业者带来期望的利润，既取决于这个机会有多大的前景和利己性，又取决于创业者是否有足够长的时间抓住这个机会——特定的机会仅存在于一定的时段。美国著名的创业学专家 Timmons J. A 教授将这称之为创业的“机会窗口”。在他看来，机会存在或产生于现实的时间之中。所谓机会窗口，即特定商机存在于市场之中有一定的时间跨度，创业者在适当的时段中创业，才有望获得相应的投资回报，否则，就可能“血本无归”。当然，特定机会的时间跨度越大，成长性越好，机会窗口才会越大，创业者才可能抓住这个机会。

Timmons J. A 教授关于“机会窗口”的直观描述如下图所示。他认为，一般而言，随着时间的变化，市场会以不同的速度增长，并且随着市场的扩大，往往会出现越来越多的机会。但是当市场变得更大并趋于稳定时，市场条件就不那么有利了。因而，当一个市场开始变得足够大，并显示出强的增长势头（如图中的第 5 年）时，机会窗口就打开了；而当市场趋于成熟时，如图中所示的第 15 年时，机会窗口就开始关闭了。

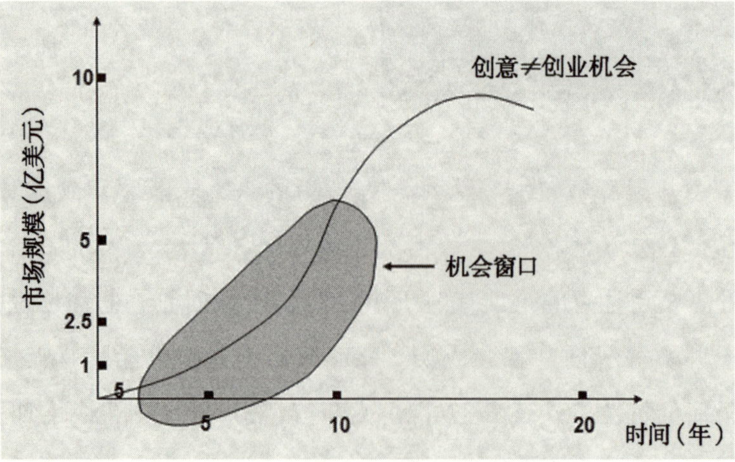

“机会”仅存在于特定的“窗口”，机会窗口敞开的时间长短对于创业者能否成功至关重要。成功的创业者必须在别人还没有意识到时就努力去抓住机会。如果等到机会窗口接近关闭的时候再去创业，留给创业的余地将十分有限，创业者也将很难赢利。当然，即便抓住了机会，也不一定会立即成功。在创业投资界有一种讲法，“柠檬”（失败）大概两年半即可有个结果，而“珍珠”（成功）则需要多年的磨炼。

所以，在创业机会面前，我们既不能退缩、放弃，也不能举棋不定。有些创业者对创业问题已经思考了很久，是时候下决心开始创业了。可是，他们总认为创业的实际条件还不够成熟，对创业的心理、物质和资金、技术等准备还没有完全做好，仍存在着某些后顾之忧。这种犹豫不决有可能造成大好创业时机的丧失。

把握机会，正中靶心

中国有句古话：“千里马常有，而伯乐不常有。”让我们打开机会窗口，去发现那匹即将令你在创业战场上纵情驰骋的“千里马”吧。

第二节　挖掘“微商机”

回顾前面提到的成功的创业家，聪明的你可能会质疑：乔布斯、王石、马云、俞敏洪都离我们太过遥远，他们都成长于商机无限的 80 年代，而今天，商界已经一片红海，年轻人创业是否太过冒险，没有社会竞争力，抑或只是小打小闹？

“世人笑我没经验，我笑世人太世故。”全球化的商业战场属于富有创造性、眼光澄澈、观点独特、大胆创新的年轻人，自称闯荡商场多年的老手只会在变革面前陷入他们最自豪的“经验”所带来的思维定式而难以自拔。

什么时候才等到时机？顶尖专业顾问团（教授）免费一对一咨询、专业综合的人才资源、广阔安全的校友赞助平台、充满创业激情的大脑……在大学里，这些资源唾手可得。如果这些都不算“有社会竞争力”，那还要等到何时？

微软、戴尔、Facebook、Yahoo、联邦快递、网景公司、必胜客、聚美优品这些由校园创业家创立的公司也算小打小闹？

面对商机，你心动了吗？接下来我们来细数身边的商机，当你读完这一节，再抬头举目四望，便会发现，环绕在你周围的不再是空气，而是创业的机会。

慧眼识商机

1. 需求就是商机

创业创的是什么？是企业。

企业生存的根本是什么？是满足客户需求。

没错，客户需求就是商机。

根据马斯洛需求层次理论，人类的需求可以分为五类：生理需求、安全需求、社交需求、尊重需求、自我实现需求。

（1）生理需求。

生理需求是人类维持自身生存的最基本要求，包括对呼吸、水、食物、睡眠、生理平衡、分泌、性的需求。如果这些需要（除性以外）任何一项得不到满足，个人的生理机能就无法正常运转。换而言之，人类的生命就会因此受到威胁。从这个意义上说，生理需求是推动人们行动最首要的动力，因而也就成为创业企业生存和发展的首要商机。

作为微创业项目，我们在这里仅仅以大学校园为例，从呼吸、衣、食、住、行、生理等方面分短缺商机和竞争商机来分析。当然，网络也是一个更加广阔的需求商机平台。

在分析过程中，我们要针对具体问题，有意识地应用“分类”的思想，不断细分需求类别，才能真正做到360度全方位无死角的商机扫描。

生理需求就是商机

	生理需求就是商机
呼吸	北方的冬天空气干燥，来自南方的同学会难以适应，适用于宿舍的小型低成本、外观设计感强的加湿器成为新宠 同样是卖加湿器，已有的市场产品在外观设计、性价比等方面是否还有更好的选择；能否提供校园代理、上门送货、送礼包装、维修护理等服务，都是我们的突破口
	在雾霾或沙尘天气严重的城市，款式丰富、花样繁多、成本低廉的口罩极具市场前景 提供宿舍团购优惠、情侣买赠活动、服务上门挑选款式、个性化定做等服务
衣	追求时尚、服装更新快的大学生绝对是服装行业的大客户，针对在校学生价格敏感度高，对款式设计要求高的特点，如果能联系到知名品牌厂家进行有折扣的校园代购，将深受追捧
	班服制作的现有市场并不火爆，服装款式选择少，提供的设计满意度低，个性化印制质量有限，可以从这些竞争对手的不足出发，在团队中吸纳有手绘、设计或美术专业背景的合伙人，综合提高班服制作水平
	毕业季的纪念衫
	DIY 手绘情侣服、姐妹服
	在我们身边，3.6 亿中学生、大学生天天穿运动鞋，而鞋子手洗太麻烦也洗不干净，还容易由于洗涤不当损伤鞋子，又不能直接扔进洗衣机，专业的洗鞋将是一个升值潜力巨大的黄金产业，是永不消失的朝阳行业

（续表）

	生理需求就是商机
食	外地新生来到一个新的环境，感受当地的美食当仁不让地成为周末必不可少的活动项目，一本收录、整理当地好口碑餐厅地址、电话、出行路线的美食杂志应运而生 别被以“大众点评网”为代表的竞争对手吓破胆，书籍的历史可以追溯到上古时期的泥板和羊皮卷，而网络作为一种新兴事物，必然有它无法与之匹敌的软肋。创业邦的网站副主编方平潮先生就表示：“虽然新媒体的发展对刊物类媒体形成了很大的冲击，但这并不代表刊物类媒体已经没有市场了。”
	从大二开始，吃过一年多学校食堂的同学们开始厌倦一成不变的菜式和大锅饭的味道，开始选择亲自下厨丰衣足食。可以将提供宿舍适用的小型切菜板、铝制厨具，代购电火锅、电饭煲、新鲜蔬菜、油盐酱醋、大米面条作为项目内容
	超市作为烹饪用品提供项目的强劲竞争对手也有它致命的缺点，时间成本高，方便度不够。提供微波炉租赁、紧急配送、新鲜果蔬配送等服务将成为卖点
	很多女生都在大学时期开始学习烹饪，为自己今后的生活甚至家庭奠定基础，使大学生烹饪培训进入创业者的视野 现在市面上卖的烹饪书籍根本适应不了大学的宿舍生活。没有冰箱难以保存食材成为硬伤，烹饪工具普遍限制于电火锅和电饭煲也使很多菜式根本无法实现，有些原料适用于家庭，学生很少会去买 一本收录以简单、易获得的食材为原料，烹制方法相对简单安全，又能针对学生瘦身、排毒、养生等专项饮食要求的烹饪书将极具竞争力

（续表）

	生理需求就是商机
住	每年的六七月份，是大学毕业生求职的高峰期，一大批应届生奔波转战在各大城市，赶一场接一场的招聘会。对这些“赶招聘会”的学生来说，住宿是个不小的麻烦，毕竟住酒店费用比较高，增加了不少负担。于是，针对这类客户的市场也应运而生——求职公寓开始在大城市兴起
行	如今，外形豪华，内设齐全，配有卧室、电视、音响、冰箱、化装台，甚至卫生间的旅行房车已经越来越多地进入国人的视野。而房车旅行这项集旅行、住宿、烹饪、淋浴、工作于一体的出行方式，为买不起相对昂贵的房车的人们提供了一条捷径，他们或举家开着房车到郊外露营，或驾驭着它穿梭于大漠、森林进行冒险传奇的浪漫旅行。国内的房车旅游还处于起步阶段，所代表的是一种新的消费文化
生理	女人一生中有近四十年的时间要与月经为伍，提供生理期相关的产品与服务，商机无限

“我们的饭馆”

为了能吃到放心、安心的食品，一群人通过虚拟世界集结，这个由五岳散人发起的商业项目——“找一百个股东，每人出资5000元，在北京开一个饭馆，供应完全无污染、有机食材做的饭菜”（微博原文）。从9月12日发出第一条试探性微博，到9月15日中午发表《“我们的饭馆”商业计划》，再到当天19:22五岳散人宣布报名人数已有1276人，这个数字让所有人都相当震惊。五岳散人由“很多人的咖啡馆”得到的启示，并在这种启示上进行微创新，将追求绿色食品、健康饮食作为股东们的共同兴趣，倡导一种绿色消费观念。

牛仔裤的诞生

李维·施特劳斯，第一个发明牛仔裤的人，创立了著名品牌“Levi's”。

年轻的他不甘于平凡的工作，加入到浩浩荡荡的美国淘金人流之中。来到美国旧金山，到处都是淘金的人群，到处都是帐篷，难道就这样无望地等待？他陷入深深的思考之中。

这么多的淘金者都待在一个离市中心很远的地方，买东西十分不方便，李维决定不再做那个遥不可及的金子梦，踏踏实实开了一家日用品商店，来光顾的人络绎不绝。有一次，他采购了一大批搭帐篷、马车篷用的帆布，却没人愿意买，眼看帆布要赔本了。

忽然他见一位淘金工人迎面走来，并注视着帆布，连忙高兴地迎上前去，热情地问道：“您是不是想买些帆布搭帐篷？”那工人摇摇头：“我不需要再搭一个帐篷，我需要的是像帐篷一样坚硬耐磨的裤子，你有吗？”淘金的工作很艰苦，衣裤经常要与石头、砂土摩擦，棉布做的裤子不耐穿，几天就磨破了。“如果用这些厚厚的帆布做成裤子，肯定又结实又耐磨，说不定会大受欢迎呢！”

淘金工人的这番话提醒了李维·施特劳斯。1853 年，第一条日后被称为“牛仔裤”的帆布工装裤在李维·施特劳斯手中诞生了。李维也正式成立了自己的牛仔裤公司，开始了这个著名品牌的漫漫长路。

虽然初步获得了成功，但李维并不就此满足，他还在继续寻找机会，对牛仔裤进行改进。当时淘金工人在劳动时，常常要把沉甸甸的矿石样品放进裤袋，沉重的矿石经常会使裤袋线崩断开裂。李维将黄铜铆钉钉在裤袋上方的两只角上，固定住裤袋，在裤袋周围镶上了皮革边，并申请了专利，传统的牛仔裤就此定型。

尽管在世界著名服装设计师的名单中并没有李维·施特劳斯，但没有一位服装设计大师的作品能像牛仔裤那样遍及全世界，而且历久不衰。其中很重要的原因就在于李维对顾客生存需求的准确把握。

第一次，他发现淘金者购买生活用品很不方便，于是他开了日用品商店，巨大的需求使他的生意很火爆。

第二次，工人向他抱怨“衣裤经常要与石头、砂土摩擦，棉布做的裤子不耐穿，几天就磨破了”，于是他用帆布做成裤子，结实又耐磨，受到众多淘金者的喜爱。

第三次，他发现淘金工人在劳动时，沉重的矿石经常会使裤袋线崩断开裂，于是他加了黄铜铆钉和皮边。

如今，世界上的牛仔裤虽已出现众多品牌，但李维氏牛仔裤在世界 70 多个国家的销售量仍稳居第一。

（2）安全需求。

安全需求包括对人身安全、健康保障、资源所有性、财产所有性、道德保障、工作职位保障、家庭安全的需求。如果将新兴的计算机网络纳入考虑的范围，网络信息安全也越来越重要。

安全需求就是商机

	安全需求就是商机
人身安全	针对双职工家庭孩子放学后无人接管的普遍现象提供相应服务，专门负责下午放学接孩子，并指导他们做作业，温习功课，等待孩子父母下班回来后接走，解除他们的后顾之忧
	近年来，在“国未富，民先老”的担忧声中，在人们开始问“中国准备好了吗”的时候，针对老年人的服务市场悄然扩大；同时，加速的城市化进程让年轻一代的压力也越来越大，工作节奏越来越快。因而，老人的人身安全成为时代发展的后顾之忧，工作日陪护、晚间护理的需求日益增长，如何让老人们在子女忙于工作的时候也能颐养天年，安全快乐地生活，得到应有的尊重和体贴的护理成为众多创业者思考的问题

（续表）

	安全需求就是商机
健康保障	在家长的眼里，比功课更重要的就是孩子的成长。如何增强抵抗力，健康饮食，有效应对近视、肥胖及蛀牙的威胁等成为父母的烦恼，而这也正是儿童健康市场发展的契机，让孩子更健康绝对是值得创业者观察的一块市场
	眼下，人们越来越追求生活质量，关注自身的健康状况，都市中等以上生活水平的家庭对于保健投资的比重渐趋上升。健康消费，已成为寻常百姓家庭消费中的一大热点。而从绿色食品的热销到健身俱乐部、养生餐厅的兴起，也都传递着这样的信息：随着国内居民健康意识的不断提高，健康领域蕴藏着巨大的商机
	低热量食品主打健康、方便路线，以多元化零食为优势，甚至有带餐的作用，主要经营品种有糙米饼、糙米卷、素肉干、绿茶饼、膳食纤维、水果片、胶原蛋白粉、带餐汤等 90.8%的女性都有吃零食的习惯，但是零食热量高，容易使人发胖。因此，低热量零食应运而生，市场需求量不断增长。目前，上海、广州、宁波等城市已有不少低热量食品店
资源所有性	个人资源包括人脉资源（关系）、个人能力资源（专业、项目、工作经历）、权利资源、精力资源（时间资源） 中国最大的职业社交网站——天际网的市场总监张琦女士认为，以前，创业者往往需要花费大量的时间和金钱来找到对自己有用的信息和资源，而近几年来兴起的职业社交网站可以帮助创业者们快速建立遍布全国的人脉网络，高效解决这个问题
财产所有性	改革开放以来，我国教育事业迅猛发展，学校规模快速膨胀，但与此同时，高校陆续发生学生财物被盗、被骗事件，引起社会各界的关注和重视，保护师生财产安全再展商机 小到高质量、个性化的自行车锁、柜门锁，大到宿舍楼整体安装的防护栏、门锁、报警系统都成为商机

（续表）

	安全需求就是商机
道德保障	在当前人才市场不够规范、员工职业化普遍缺失的情况下，背景调查成为招聘工作的一个重要环节，通过考察求职者过去的工作表现、职业经历的真实性和职业道德的好坏，有效地把一些编造简历、损害单位利益的职业素质低下者拒之门外，可以进一步提高单位聘用成功率，降低单位用人风险。随着就业市场的不断扩大，为企业提供快速、全面、可靠的背景调查成为一个不错的商机
工作保障	为企业和应聘者搭建沟通平台，大到专业的求职招聘网站，小到高校的求职信息网站，帮助应聘者和企业搜集提供有价值的信息，提高匹配性，降低风险，这其中就有无数“牵线搭桥”的商机
家庭安全	一份来自网易论坛的“家庭十大安全隐患调查结果”引起了无数人的关注。90%的家庭成员在烹饪时会中途走开，使得厨房用定时器需求前景广阔；30%的家庭接线板像“章鱼”，插头“无孔不入”，容易绊倒或发生漏电危险，使得家用理线器、理线盒成为商机无限的时尚安全家居用品
网络信息安全	近年来，信息系统受到电脑病毒及黑客肆意滋扰破坏的情况越见严重，垃圾邮件猛增，不少无良互联网公司在用户不知情的情况下收集和存储其信息资料，出售给第三方谋取利益 在计算机及互联网市场不断扩张的同时，信息系统安全及互联网安全对所有计算机用户来看变得极为重要。计算机或软件专业的同学可以利用所学的知识不断开发创新、优化升级网络信息安全系统，并以此作为核心产品进行创业

新生的网络安全需求

艾瑞咨询的报告显示，中国互联网用户规模从2006年的1.37亿增长到了2013年的6.67亿，预计2015年将达到7.75亿。用户对互联网的日益依赖，以及交换个人信息及虚拟财产的行为日益增多，极大地刺激了黑客利用恶意软件窃取用户信息来牟取私利。统计显示，中国的恶意程序样本数量从2006年的约53.8万个飞速增长至2014年的第三季度的151.3万个，这仅是安卓系统的。

安全成为互联网和手机用户最基本的需求。奇虎360抓住了人们上网的安全需求，免费为用户提供了全方位、高品质的互联网和手机安全产品，为用户创建了一个安全的上网平台。

艾瑞咨询的报告显示，奇虎360是中国按照用户数排名前三的互联网公司。2014年1月，奇虎360拥有4.39亿月活跃用户，用户覆盖率达到85.8%。

在奇虎360之前，没有人会相信杀毒可以造就一个在线安全行业。但周鸿祎用免费杀毒软件聚集了大量用户，以超强的产品定位能力，使人们相信了“安全卫士+安全浏览器+安全导航+安全搜索”的“安全上网入口”，而奇虎360也借此初步完成了从安全到其他赢利性业务的相关多元化，异军突起，迅速发展成为境外上市公司。

（3）社交需求。

社交需求也叫归属与爱的需求，是指个人渴望得到家庭、团体、朋友、同事的关怀、爱护、理解，是对友情、亲情、爱情的需要。

社交需求就是商机

	社交需求就是商机
友情	生活水平的提高使人们对个性、对美有了更高的要求，时尚、品质、个性，越来越成为生活、办公中不可或缺的重要主题，送出个性化的、有创意的礼物成为年轻一代的标榜潮流时尚、拉近朋友间感情的方式。国内时尚创意礼品市场的需求空间在强劲的消费拉动下将变得空前宽广
	时下最流行的交友方式是什么？当然是网络交友。时下最赚钱的是什么类型的网站？当然是交友网站

（续表）

	社交需求就是商机
爱情	沉浸于热恋之中的情人往往较少考虑价格因素，舍得为恋人花钱，消费能力不容忽视。情侣装、情侣饰品、情侣杯等花哨的情侣用品在市场上早已屡见不鲜，而恋人们对它们的喜爱程度也是热情不减。消费概念独特、同业竞争小、投资规模小、投资回收快、利润高，也是情侣用品行业无可比拟的优势
	赛门铁克刚公布的“诺顿在线生活报告”指出，数字生活普及，通过网络认识婚恋对象的情况已愈来愈普遍；高达 20% 的人群在网络上发展恋情，见面后高达 75% 的人与网友持续碰面。网恋进入生活，商机随之暴涨
亲情	春节前夕，对家的思念牵动了贯穿东西南北的人口大转移，春运其实是全中国人的一次集体亲情消费，如此大规模的市场带来的无疑是巨大的商机。交通运输部门在短短的二十多天里赚进数百亿元的客票收入，而且年年递增，这是不争的事实。拼车、租车自驾成为新兴的“春运”方式，车票、机票代购也带来巨大的商机

今天你“脸书”了吗?

世界创业实验室报道：在美国，如果随便问一名大学生有没有登录 Facebook 网站，那么你很可能被看成外星人。因为这个由一名哈佛大学的辍学生创建的社交网站，已经风靡全美 2000 多所学校，并引发了业界人士的高度关注。据雅虎最新内部文件透露，该公司曾提出高达 16 亿美元的报价，期望能收购该网站。

这名辍学生就是号称“盖茨第二”的马克·扎克伯格。从外表上看，27岁的马克·扎克伯格和刚刚走出校园的普通年轻人没什么不同。他穿着简单的T恤、松垮的牛仔裤、阿迪达斯运动鞋，讲起话来甚至有点腼腆，然而作为社区网站Facebook的掌门人，他已经拥有135亿美元身家。

2004年，在哈佛大学主修计算机和心理学的二年级学生马克·扎克伯格突发奇想，要建立一个网站作为哈佛大学学生交流的平台。只用了大概一个星期的时间，扎克伯格就建立起了这个名为Facebook的网站。网站刚一开通就大为轰动，几个星期内，哈佛一半以上的大学部学生都登记加入会员，主动提供他们最私密的个人数据，如姓名、住址、兴趣爱好和照片等。到同年12月时，Facebook的用户数超过100万。学生们利用这个免费平台掌握好朋友的最新动态、和朋友聊天、搜寻新朋友，Facebook成为一种社交资本。

2010年1月，Facebook已经超越Yahoo，成为美国第二大网站，仅次于位于第一的Google。2010年2月，Facebook成为全球第三大网站，与微软、谷歌领衔前三。2012年5月18日，Facebook正式在美国纳斯达克证券交易所上市。2010年12月，马克·扎克伯格被《时代杂志》评选为“2010年年度风云人物”，成为全球最年轻的亿万富豪。

（4）尊重需求。

尊重需求可分为内部尊重和外部尊重。内部尊重是指一个人希望在各种不同情境中有实力、能胜任、充满信心、能独立自主，也就是人的自尊。外部尊重是指一个人希望有地位、有威信，受到别人的尊重、信赖和高度评价。尊重需要得到满足，能使人对自己充满信心，对社会满腔热情，体验到自己活着的用处和价值。

尊重需求就是商机

	尊重需求就是商机	
内部尊重	能力提升自信	一个人的成功15%靠的是专业知识、专业技能，而85%要靠人际关系、处世技巧。善于与人交往，能很好地处理人际关系，在我们身处市场经济的年代，对于每个人来说显得比以往任何时候都更加重要 以“增强客户当众讲话的自信，提高语言生动性、表现力和感染力”为目标的资讯网站、培训课程、报纸杂志不失为一个好的创业想法
	形象提升自信	色彩咨询是根据“色彩四季理论”，把人与生俱来的肤色、发色、眼睛色等人体特征进行科学的对应，为各个不同的人找到最适合的色彩群，完成服饰化妆和个人自然条件的和谐统一搭配。根据顾客的面貌、形体和性格、职业特征，找到最适合的款式风格
外部尊重	地位	国际知名管理咨询公司罗兰贝格2012年5月发布的《中国奢侈品消费市场调查报告》预测，未来10～15年，全球奢侈品市场40%、近200亿欧元的增长将来自中国内地市场 面对价格不菲的奢侈品，囊中羞涩的普通消费者只能望而却步，然而国内悄然兴起的二手奢侈品寄卖店用较低的价格满足消费者彰显地位与财富的需求，成了越来越多年轻人喜爱的淘宝乐园。行业内一般认为，二手奢侈品将占奢侈品消费市场规模的5%～10%。也就是说，届时，国内二手奢侈品增长规模将达10亿～20亿欧元
	信赖	

V2 二手奢侈品寄卖店

直瀑式的玻璃门面，些许暗淡且轻柔的灯光，稍显低调的装修，这一切都是为了衬托这个名叫“V2”的小屋的主角们——LV 手提包、PRADA 眼镜、卡地亚手表……它们有一个共同的标签——二手。

“V2”是京城首家二手奢侈品寄卖店，顾客过来寄卖，价钱由顾客自己定，店主会根据具体情况给出一个相对“好卖”的价格区间，供顾客作为参考。这些奢侈品被卖出后，店家抽取 20% 的佣金，将余款汇入顾客指定的银行账户。二手全新的六七折就能“拍”下来，而二手用过的基本上都是五折左右。

小店的主人叫杨旭，一个“80 后”的大男孩，嗓音略显成熟，但言语不失幽默，俊朗的脸颊留着一点儿山羊胡，整体形象似乎与其经营的产品有着共同的风格——时尚。

（5）自我实现需求。

自我实现需求是最高层次的需要，满足这种需要就要求完成与自己能力相称的工作，最充分地发挥自己的潜在能力，成为所期望的人物。具体表现为实现个人理想、抱负，发挥个人的潜能，达到自我实现境界，增强解决问题的能力，提高自觉性，提高独立处事的能力，完成与自己的能力相称的一切事情。

人众人——中国第一个体验式培训机构

10 年前，中国还没有几个人能说清到底什么是素质拓展；10 年后，接受过拓展训练的中国人已不下百万。不能不说刘力在其中发挥了很大的作用。

1985 年 5 月发布的《中共中央关于教育体制改革的决定》中第一次提出“素质教育”的概念，中国开始提倡素质教育。

此时的刘力在英国、瑞典等国考察，他接触到了拓展训练。他曾表示：“当初的震撼非文字所能够表达。”刘力开始思索如何通过培训让中国的素质教育落到实处，在这个过程中，他觉得体验式培训这个载体非常有价值和发展潜力。

于是，1995 年 3 月 15 日，刘力创办了国内第一所专业的体验式培训机构——北京拓展训练学校，并将其体验式培训产品命名为拓展训练。

现在有空上一堂拓展训练课，已经成了都市小资一族的时尚。北京大学在帮助企业训练企业领袖时，已经将拓展训练作为其中一项重要手段。

10 年里，刘力主要做了 3 件事情：找到了一种方式——国际体验式培训方式；建立了一个组织——人众人；开创了一个行业——中国体验式培训行业。

刘力把握住国家提高全民综合素质能力的机遇，立足于国民提高素质、提升能力、实现自我价值、实现全面发展的发展需求，从而成功创业，甚至由此开创了中国市场中的一个新的领域，引领了一个新兴行业的时尚浪潮。

2. “风云变幻”中商机突显

著名管理大师将创业者定义为那些能“寻找变化，并积极反应，把其当作机会充分利用起来的人”。追踪研究多方面的变化趋势，做到月晕识风、础润知雨，才能发现潜在的商机，在激烈的竞争中抢先一步，赢得市场。

产业结构变动、消费结构升级、城市化加速、人们观念改变、政府改革、人口结构变动、居民收入水平提高、科技进步、通信革新、全球化趋势等这些都是变化，其中都蕴藏着大量的商机，关键要善于发现和利用。

比如，居民收入水平提高，私人轿车的拥有量将不断增加，这就会派生出汽车销售、修理、配件、清洁、装潢、二手车交易、陪驾等诸多创业机会。

再比如，人口因素变化，会出现以下一些机会：为老年人提供的健康保障用品、为独生子女服务的业务项目、为年轻女性和上班女性提供的用品、为家庭提供的文化娱乐用品。

总体来说，我们可以按照空间范围的大小，把带来创业商机的变化分为国家政策、行业市场、消费观念三大类别。

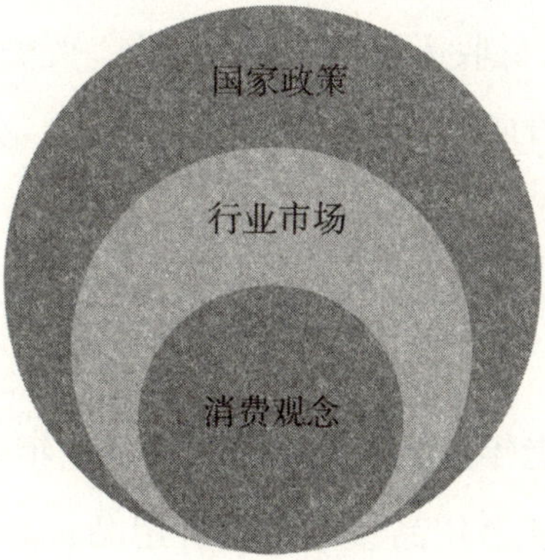

（1）国家政策调整。

党和国家的政策变化对整个国家、社会和每一个人都有深刻的影响。新政策的出台，必然给人们带来新的机遇。俗话说："政策里面有黄金，关键在于你能否发现，会不会利用。"

创业者每走一步、每过一天、每一次计划都需要有敏锐的政治眼光，时刻关注政策的出台、调整与变化，注重研究政策规定，洞悉政策变化中蕴含的商机，抓住政策变化的机遇，利用鼓励、支持性优惠政策，抢得经营发展的先机。

有人说香港是冒险家的天堂，是培养巨富的温床。在香港，投资成功的不乏其人，徐展堂可算得上其中的一个佼佼者。30 年前的他还只是香港银行的一名小信差，如今却已成为跨国企业的大亨，他的发展经历颇具机遇性。他在谈及自己传奇般的创业经历时表示："时势造英雄，无论在中国以外的任何地方，我都不可能在这样短短的几年中创造一个又一个奇迹，我的成功是在一个特定的政治环境中取得的，要说我有过人之处，就是比别人会利用政策，利用这些因素发展自己。"

①关注民生。

党的十七大指出：发展为了人民，发展依靠人民，发展成果由人民共享。党的一切奋斗和工作都是为了造福人民。因此要"保证群众基本用药""加快解决城市低收入家庭住房困难"，要做到"学有所教、老有所得、病有所医、老有所养、住有所居"等内容，处处体现出关注民生、构建和谐社会的音符。

仅以"老有所养"这句话为例，就不再仅指吃得饱、穿得暖、住得下，还包括：

养生需求：包括老年食品、老年保健品、老年理疗品、老年营养品、老年文娱用品、老年旅游用品、老年视听用品、老年书画用品以及老年服装的开发、销售、配送。

陪侍需求：包括拐杖、扶椅，以及生活不能自理老人的陪护、理疗、就医等，可以开发的领域十分广泛。

休闲需求：随着现代科技的发展，老人的休闲不再只是打扑克、下象棋，已经创新化、理疗化、静心化、电子化了。可以开发的项目很多，比如"网上钓鱼""漫步转身理疗器""能听音乐的晃动躺椅""无土栽培的微型花卉""具有语音提醒功能的床头座钟"等。

②生态文明。

党的十八大报告指出："把生态文明建设放在突出地位，融入经济建设、政治建设、文化建设、社会建设各方面和全过程，努力建设美丽中国，实现中华民族永续发展。"

可以预见，十八大所提倡的"生态价值观"引导的"绿色营销"将会是未来企业发展的主要趋势。

所谓“绿色营销”，是指以保护环境和回归自然为主要特征的绿色营销活动。其主要特征是：提倡绿色消费观念，创造绿色消费环境，营造绿色消费的群体意识，培育绿色文化，进行以绿色产品为主要标志的产品开发和市场开拓活动。它包括绿色食品、绿色家具、绿色家电、绿色旅游、绿色信贷、绿色建设施工等。

大型超市用可降解塑料袋替代了长期使用的包装袋，快餐店的可降解纸质容器代替了泡沫塑料包装盒，饭店取消了一次性筷子，一些宾馆和写字楼采用节能型冷却塔或冷水循环，一些工厂企业进行废热回收、飞尘回收，一些建筑工地进行噪声控制，等等。所有这些项目都会提供大量的创新机会，这对创业者难道不是极大的好事吗？

③下调小额贷款风险权重。

《商业银行资本管理办法（试行）》于2013年1月1日起实施，下调了小微企业贷款、个人贷款以及公共部门实体债权的风险权重。这将引导商业银行扩大小微企业和个人贷款投放，体现了降低信贷成本、有效服务实体经济的政策导向，更加贴合当前的经济形势需要，鼓励了更多的创业者创业。

④扩大内需。

2010年10月18日，国家的“十二五”规划（2011—2015年）拉开序幕。《规划建议》提出，要“建立扩大消费需求的长效机制，调整优化投资结构，加快形成消费、投资、出口协调拉动经济增长新局面”，把消费摆在了促进“经济平稳较快发展”的首要位置上。中国将走以内需为主的结构调整道路。

而城市是消费的主要载体，加快城市化进程是构建消费型大国的战略性选择。未来5～10年，我国城市化进程加快是大势所趋。在这个过程中，住房、汽车、城市基础设施建设及其相关的数百个产业都将有巨大的增长空间，基本的衣食住行，以及享受型行业将全面增长，教育、医疗、养老等方面国家将会有巨大的资金投入。以上种种皆是巨大的发展空间和商机。

（2）行业市场变化。

①拇指经济，暴利神话。

随着时代的发展和科技的进步，媒介不断进行着技术的革新，新的媒体不断涌现。继第四媒体——网络出现之后，第五媒体——手机短信又开始粉墨登场。随着移动通信业务的发展，由手机短信构成的产业和市场，被称为“拇指经济”。

从黑白文字的短信，到图文并茂的彩信、彩铃、移动网址……拇指经济创造了一个又一个市场奇迹。2006 年年底，手机已成为我国最大的用户信息终端，用户数量正以每年新增数千万户的规模持续增长，使得“拇指经济”的发展底气十足。相关创业方向有移动网址、短信创作、手机音乐制作、手机游戏设计、彩信制作等。

②“短信发手”巧赚钱。

唐伟是山东工业职业学院一名在校大学生，暑假回家时他的舅舅刚开了家超市，由于资金紧张就没做广告宣传，所以开业后生意一直不是太好。唐伟看到自己的手机一天收到十多条短信，灵光一闪：何不利用手机短信来宣传特价促销活动呢?

在网上发短信，这对学计算机专业的唐伟来说算不得什么难事，他坐在电脑旁边只用一天的时间，便把超市开业商品特价的消息用短信的形式发送给了全市众多手机用户。短信广告果然有成效，没多久舅舅便告诉他生意开始有了起色，顾客也越来越多了。

春节前夕，唐伟想：短信拜年已经成为一种趋势，很多企业老板在春节到来之际会给客户拜年，可是老板们又没有那么多的精力一条一条地发短信。于是他就告诉了一百多家企业的老板，只要提供客户的手机号码、短信的内容及发送时间，“短信发手”就可以保质保量替你完成发短信的任务，每条只收一角五分钱。很快有60多家企业和唐伟签订了协议。春节前那几天，唐伟一直坐在电脑前忙得不亦乐乎，净赚了3 000元。

③电子商务。

电子商务作为网络时代的产物和知识经济最突出的代表，它的产生和发展将在社会经济领域引起革命性的变化，其意义将超过200年前工业革命对人类社会的影响。这不仅在于电子商务是网络技术应用的全新发展方向，是因特网的开放性、全球性、低成本、高效率的特性在商业贸易领域中的运用，从而增加了贸易机会、降低了贸易成本、提高了贸易效益，更在于电子商务已超越了作为一种新的贸易形式所具有的价值，正在改变企业本身的生产、经营、管理活动，甚至影响到整个社会的经济运行与结构，人类从事经济活动的许多基本游戏规则将因此而发生深刻的变化。

（3）消费观念变化。

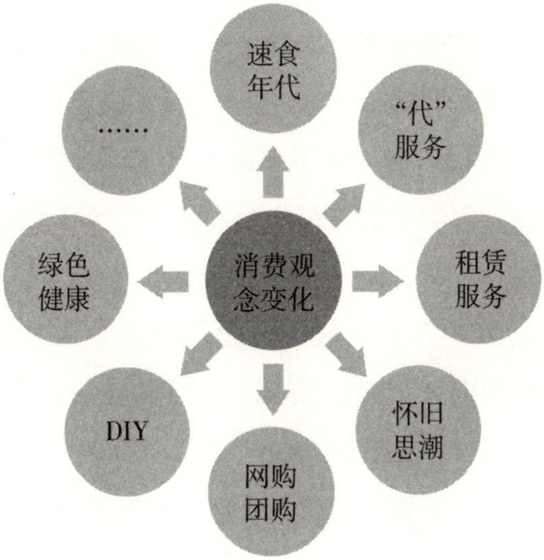

①“速食年代”。

新兴时尚的“八分钟约会”将爱情缩短至一碗泡面的时间，代表着“速食爱情”的巅峰。

从狂灌“鸡汤”到争抢“奶酪”，层出不穷的“秘籍”“速成”标志着快餐式文化的风靡。

“速食年代”是一个极度推崇速度和效率的时代，快捷支付、订餐外卖、选秀爆红……当“方便快捷”成为人们选择的主要标准之一，方便性商机便应运而生。

如今，送货上门已经成了一种便捷的时尚，小到生活用品，大到各类衣服，大学生们新招频出，“送货上门”成为一种新潮流。

鲁东大学商学院的孙志伟说：“我的舍友周末懒得出去，就经常会让我帮他们带吃的。”舍友的“懒惰”让他想出了“送货上门”的主意，在自己宿舍里经营起了“零食铺”。搞定货源，制作商品目录，现在孙志伟的生意已经日益红火起来。

②“代”服务。

随着人们生活方式的改变，寄养宠物、照料花草等“代”服务正悄然升温。春节出行买票难，有人专门提供购票代理；节日亲友聚会，难免多喝几杯，酒驾查得严格，又不想抛弃爱车，代驾服务应运而生；长假赴外地探亲旅游，家中宠物、花草无人照顾，便有了寄养机构。

③“租赁消费型”。

如今，越来越多的人开始从“买卖消费型”向“租赁消费型”转变。在济南举办的2011年中国国际租赁产业博览会，正在引领消费者转变传统消费观念，倡导一种低碳环保的“租生活”。

考虑到大学生这一消费人群的经济基础和高度价格敏感的消费结构，大学校园内的租赁服务，无疑是用较低成本满足紧急需求的典型代表。通过租赁节省不必要的开支，不仅仅是为了单纯的省钱，它已经和理性消费、科学理财联系在一起，和重复利用、低碳环保站在同一战线，逐渐成为一种更加体现新兴大学生科学时尚观念的服务业务。

步入大二，身边留在学生会的同学都去买了正装，300～500 元的一套衣服，一年穿两三次，大多数时间还是闲置在衣橱里。“正装租赁”是否既让每一件衣服发挥了最大的价值，又免去了为了少得可怜的几次需要穿正装的场合花 300～500 元去置办一身衣服？

④校园租赁悄然兴起。

张廷雷发现，校园租赁业在国内处于萌芽阶段，项目成本相对较低、运营比较容易、消费者相对集中，非常有前景。他决定，抓住这个市场空白，大胆闯一回。

出乎意料，来租车的同学非常多，所有车几乎每天都会被租完，一个月下来，除开成本，有 1 000 多元的纯收入，相当于他打工两个多月的工资！

如今，张廷雷的“益百家租赁店”已从单纯的自行车租赁衍生到服装、户外用品、体育用品、生活小百货、数码产品等 10 多个种类，四五千件物品，总价值 10 万元左右。在南充川北医学院，还开了一家分店。

⑤网购、团购。

网络购物对中国居民日常生活的渗透正在不断加深。网购便捷、成本低等优点，在当前的经济环境下，成功吸引了更多普通消费者的眼球。

价格优势是电子商务与生俱来的。与传统商业卖场相比，借助网络交易平台，避免了商铺店面的租赁、装修和库存费用，大大节省了成本，产品价格自然便宜不少。节省大量的广告费，产品的价格自然更低。同时，网站因其天生的媒体角色而具有无可比拟的宣传优势，这种优势在活动召集、产品促销方面也有极大的体现。

自 2010 年以来，以美国 Groupon 为蓝本的新型团购网站在国内据称已超千家。由于赢利模式清晰，众多创业者选择团购网创业，有的在校大学生也创办了自己的团购网站，新浪、腾讯、搜狐和淘宝等互联网巨头也纷纷加入。团购网俨然已成为当今最火的互联网创业形式。

⑥DIY——爱情巧克力 DIY 吧。

DIY 是英文 Do It Yourself 的缩写，20 世纪 60 年代起源于西方，原本是意指不依赖或聘用专业的工匠，利用适当工具与材料自己来进行居家住宅的修缮工作，渐渐地被扩及所有可以自己动手做的事物上，慢慢地演变成一种以休闲、发挥个人创意或培养嗜好的风气，礼品 DIY、饰品 DIY、布艺 DIY、美食 DIY、发型 DIY、服装 DIY，等等。

在欧洲，巧克力被称作“甜蜜梦幻”，时尚男孩在情人节送给女友的往往不是玫瑰，而是个性十足的香醇巧克力，既高雅、浪漫，又有“红豆生南国”般的文化内涵。然而市场上出售的德国“德芙”、瑞士“瑞士莲”等著名品牌的巧克力大部分是包装好的，批量生产，款式单调，不能彰显时尚个性。如果能让年轻人亲手为心上人做巧克力，还能自己设计造型、花纹，并刻上表达爱意的文字，岂能不大受欢迎？洛阳女孩刘静独创北京首家“爱情巧克力 DIY 吧”，引得情侣们怦然心动。不仅数以万计的大学生和时尚白领成了这里的常客，就连驻京的外国人也纷纷赶来，享受自己动手的乐趣。

早晨，《时光流逝》的钢琴曲准时响起：“叹息一瞬间，甜吻驻心田；任时光流逝，真情永不变……”马上就让人联想到了大西洋边摩洛哥温暖的海风、深蓝的海水和一排排高大的棕榈树。这一切都显得高雅、浪漫而又充满异国情调。做巧克力的模具有心型、玫瑰型、手掌型、动物型和卡通型等 20 多种。她定做了一批千姿百态、造型别致的精美包装盒。在品种方面，推出果仁、酒心、水果和鲜花等原料，满足消费者的个性需求。来自巴西的“老巴布”可可豆，以及西班牙老牌 COCOA 等原料，衬托出了小店的品位与格调。

第一天开张，营业额就达到 1 800 多元！第一个月，纯利润就达到

7 000多元！两年后，她的分店已由3家发展到11家，总资产近百万元。

⑦怀旧思潮。

随着怀旧风潮的兴起，“怀旧生意”商机开始显现。一些国产老牌产品，不仅承载了人们的怀旧情绪，更因价格的优势具有其独特的市场竞争力。其热门项目包括老牌日用品店、怀旧食品店、传统服饰店、复古文化商品店等。

⑧“八零”玩具店。

走进肖小姐“八零”玩具店，陈列着各种各样的怀旧商品，有食品、玩具、书籍，等等。比如一些机械的铁皮玩具、弹弓、动画片人物公仔，还有一些难得一见的麦乳精、跳跳糖等食物。

淘这些东西可谓来之不易，为了让品种尽量齐全，肖小姐几乎找遍了全国各地的生产厂家，“从南到北都找过”。比如梁丰牌的麦乳精，就是从原产地江苏淘来的。但有些商品却已经没有厂家进行生产，很多商品都是从民间淘来的。为了觅到一些小人书，她还到旧书店、报亭等地方，逐家询问寻找。虽然店内的商品已经多达100多种，但一些商品还是被遗漏掉，比如万花筒什么的，还是从顾客的询问中才想到的。

功夫不负有心人，现时店内的《三毛流浪记》《西游记》《葫芦兄弟》等这种80后常读的小人书，都被肖小姐当成了镇店之宝。“一套完整的《西游记》，已经卖到了几百元。”

快节奏的现代步伐，让人们渐渐地疏远了过去，当他们又一次听起童年那动人的歌声时，他们疲惫的心似乎被抚慰得坦然，当他们再一次重温儿时的那些动画片、电视剧时，他们真的无法抗拒过去的召唤——他们渴望有这样一个地方可以让心灵歇脚，让沉重的步子重新走过那难忘的过去。人们都有怀旧心理，这是不争的事实，但充满混凝土的城市街道和草树一空的乡村，又怎能容下人们追忆的一寸空间呢？人们强烈地回忆过去，却又力不从心地败兴而归，他们缺少这样一个角落——让过去重现！肖小姐抓住了复古风潮商机，瞄准城市化进程中人们对童年的追忆心理，搜寻80后熟悉的旧品牌、旧商品，成功创业。

用“新”创商机

“创新”这个词也许是近两年使用频率最高的词，创新的重点在于“新”：“新”点子、“新”观念、“新”办法、“新”事物。思维的创新给世界带来了无穷多的新东西，使自然界、社会和思维领域自身不停地变动。

请诸位朋友，动一动脑筋，打破定式思维，说出曲别针的一万种用途。

别相片、夹稿件、磨成鱼钩等，大家讲的用途都可用四个字概括，钩、挂、别、联，还是没有突破固有的思维模式。

如果我们把曲别针的总体信息分解成重量、体积、长度、截面、弹性、直线、银白色等10多个要素，这时，现代思维之光，射入了这枚平常的曲别针，马上就变成了孙悟空手中神奇变幻的金箍棒。

在数学中，曲别针可以做成1、2、3、4、5、6、7、8、9、0，再做成+、-、×、÷的符号，用来进行四则运算；在音乐上可作曲谱；

在语言上，曲别针可做成英、俄、希腊等外文字母，用来进行拼读；在化学上，曲别针可以与硫酸反应生成氢气；可以作指南针；可以串起来导电。曲别针是铁元素，可以生成的化合物则是成千上万种……实际上，曲别针的用途，几乎近于无穷！

创业需要变通

这种新的发散式思维能够打破原有的思维格局，特别是对于创造者，可提供一种全新的思考方式。

1. 新产品、新市场

衣服只能穿吗？为什么不能发展阳光、风力储能服装？

腕表只能计时吗？为什么不能发展腕表的光能、风能储能充电功能？

只能高温烹饪吗？为什么不能发展低温真空烹饪？

（1）午睡吧。

俗称“朝九晚五”的上班族，如今已发展成了“朝九晚九”甚而“朝五晚九”的加班族。许多白领都想趁午休的时间补充一下能量，却苦于无处容身。

在深圳打工的张小姐受此启发，开设了一家“午睡吧”，每小时收费10元，提供单个隔间、躺椅毛毯、免费饮料、书报杂志，营造温馨安静的氛围，让愁于午休无处去的白领找到了容身之所。她在3年内开了10多家连锁店，月收入5万余元。

（2）网游加速器。

是什么让北大计算机专业高才生毅然退学？是什么让一个高三学生赚得40万元？是什么让国内四大投资机构斥资1亿元？

来自四川雅安的袁旭告诉我们：网游加速器！

互联网游戏在近几年内蓬勃发展，2012 上半年，中国互联网游戏（含 PC 与手机）整体用户规模超过 3 亿人。而游戏面临最大的问题是游戏速度不够流畅，影响游戏体验。

EnfoDesk 易观智库近期发布的数据显示，预计到 2013 年，中国网络游戏加速器市场规模将达到 3 亿元，用户规模将达到 2800 万。

2005 年，袁旭创立了四川迅游科技公司。这是一家专门研发网游加速器的企业，如今已成为国内网游加速器提供商的龙头企业。

2. 新产品、旧市场

全国著名慈善家陈光标的第一桶金，就来自解决一个医用仪器的“不方便”“不直观”。

南京中医药大学毕业的陈光标，一天，他看到一个新上市的耳穴疾病探测仪，把两个电极夹在耳朵上就能测出身体哪个部位有病。陈光标灵机一动，他想：这个疾病探测仪好是好，就是没有直观性，如果能让患者直接看到探测结果，产品一定会大受欢迎。

第二天，陈光标请专家提供指导，给耳穴疾病探测仪安装上显示器，输入生理图像，患者只要手握仪器的两个电极就能在显示器上清楚地看到自己身体哪个部位有疾病。这个被命名为“跨世纪家庭 CT”的新仪器，不但获得了国家专利，而且一上市就广受好评。一个原本简单的疾病探测仪，经过创新之后身价倍增，原来 100 多元的样机经改装后卖到 8 000 多元。

创业的十字路口

3. 旧产品、新市场

旧产品、新市场是指在保持原有传统客户的基础上，采用新的销售方案与新的促销手段，提供广泛的服务，吸引新的客户或者开拓新的市场，替代原有的市场。

如果创业者能够从不同用途思考产品研发，就会找到具有“颠覆性的创新”型产品市场。

（1）微信果蔬配送。

微信这一社交平台相信大家并不陌生，最开始吸引大家的一定是它独一无二的通过网络快速发送语音短信、视频、图片和文字，支持多人群聊的功能，一条条语音方便快捷，把拇指从短信中解放出来。后来，我们开始在朋友圈发心情，记录自己生活的点滴，与朋友分享每天的喜怒哀乐。

作为一款用户在两年内突破3亿的软件，微信的功能仅限于社交么？让我们来看看黄铁森的新玩法。

华科大电气与电子工程学院大三学生黄铁森是一名微信爱好者，他通过微信平台，尝试目前流行的“O2O”（Online To Offline）的线上销售模式，让同学们吃到既便宜又新鲜的水果。

“与传统的水果店铺相比，在‘we信水果帮’买水果既可以足不出户，而且还更便宜。”吴旋告诉记者，自己的经营理念是“薄利多销”。对比了学校水果铺的价格后，自己的水果定价比一般水果摊的水果每斤至少要低0.5元。

（2）QQ号选购。

随着QQ在网民中的普及，用户数量不断增加。现在申请到的QQ号码都是9位甚至10位的，难记，没有个性！而很多职业玩家，拥有5位、6位短号，以及一些吉祥号、特色号。如果开一个QQ号码专卖店，在网上创业，不失为一条好的点子。下面我们就向大家介绍唐士民在网上创业，经营 QQ 号码专卖店的成功经历。

2007 年 1 月，唐士民还是一位在北京读书的大四学生。有一次，一位朋友为了讨好其女朋友，想给她买一对“情侣 QQ 号码”作为生日礼物，他问唐士民，哪里可以买到这种号？唐士民当时惊讶，QQ 号也有人卖吗？经过调查，唐士民发现 QQ 号里面蕴藏着巨大的商机。

在大部分人的眼里，QQ 只是网上寻呼机，只是聊天器，各色人群在 QQ 中无拘无束地扮演自己的角色。而唐士民却不这样单纯地看，他独具慧眼，挖掘出 QQ 的无限商机，打开了一条特殊的创富之路。

唐士民的 QQ 专卖店里，情侣号、太阳号、经典号和生日号销售最好，利润额也较高。一对情侣号码（77769092、77769093）价格在 30 ~ 100 元之间；太阳号码（在线时间超过 1 600 个小时），一般在 40 ~ 100 元，级别越高，价格越高；而像 82040781 这种准生日号由于稀缺，每个都在 80 元左右，像 19820407 这类生日号非常罕见，一般在 300 元以上。

（3）雅姆尔卖水。

19 世纪，美国加州发现金矿的消息不胫而走，瞬间数百万来自全世界有着淘金梦想的人趋之若鹜。

17 岁的小农女雅姆尔也在其中。虽然她像大多数人一样，并没有淘到金，但是细心的她发现，淘金人水源奇缺。于是她到远处的山上，将水放进小木桶，每天跑十几里路去卖水给淘金人。

有人嘲笑她，放着金子不淘却去卖水，然而事实证明，当许多年以后大部分淘金人空手而归时，雅姆尔却赚到了 6 700 万美元，成为当时为数不多的富人之一。

雅姆尔的商机是从淘金的商机中出现的，她独辟蹊径，看中了淘金造成的水源严重供给不平衡，开始了淘金人不屑一顾的供水生意。大量用水带来的供给短缺，数百万淘金者的用水需求，再加上被狂热的淘金梦冲昏头脑的人们根本不在乎水的价格，她成为这场淘金运动的赢家。

（4）书吧。

大多数大学生都有这样的不满：在图书馆里，新书很少，与潮流时尚或流行文学有关的书籍杂志就更少了；而且图书馆里不能交谈，朋友间不能分享阅读的乐趣，更别想渴了品点香茗，饿了吃点点心了。

开个休闲书吧正迎合了学子们对休闲生活的追求，集图书馆、书店、水吧的优点于一体。可以让学生们在喝茶聊天的时候，翻翻时尚杂志或者流行小说；还可以让学生们在舒缓美妙的音乐中自我放松，劳逸结合，抛开一天沉重的学习压力，充分放飞自己的心情，成为年轻人交流、聚会的好去处。三五个好友可在此小聚，畅谈人生。优雅的环境、富于情调的装饰、适时的新书可以吸引学生在此轻松地度过几个小时。还可以提供一些贴心的小服务，如为学生提供精美的小书签、便条等，方便学生记录所需要的资料；也可以帮学生记录未看完书的书名、页码等，方便学生下次来继续阅读；还为学生提供售书、订书等其他项目服务。

开个休闲书吧要求并不高，只需要找一间 20 ~ 30 平方米的房子就可以了，最好选在文化氛围较浓的学院区，特别是学生宿舍区附近。内部装饰以清新典雅、明亮舒适为主，整个店面的装修花费不会超过 2 万元。此外，去图书批发市场购买图书、杂志以及选购茶具、食品、饮料等大约花费 5 000 元，再加上办理证件等费用，总共只需 3 万元，一个休闲书吧即可开业了。

以每天接待学生 30 人，每个学生消费 10 元计算，一个月的主要收入就有 9 000 元，再加上销售图书、饮料、食品等附加业务收入，一个月的毛收入至少在 12 000 元，除去各种开支，半年内即可收回投资成本，获取丰厚的回报，极适合广大的中小投资者。

（5）创业——一种生活方式。

28 岁的陈欧是这样的：他每天开会，随时见人，几档电视节目的录制也在同步跟进。他手下有一个近千人的团队和一家估值过亿美金的公司。他是这样一个人，你若问他如何管理团队，他会告诉你要是在古代，他一定是个带兵打仗的人，在真实生活中，创业的豪气、匪气令他着迷。现在，他的英雄主义情结一点没变，他还想做到更极致。

那么，你的28岁呢？

第三节　案例研究

有米CEO陈弟凭技术追梦想

大学生接受过高等教育，掌握了专业知识，显然是技术型微创业的主体人群。

陈第在华南理工大学计算机专业就读期间就开始与同学李展铿（现为有米副总裁）等共同创立了广州有米信息科技有限公司（有米传媒，核心业务为有米广告）。有米广告成为当时国内第一家移动应用广告平台。截至2013年1月，有米传媒已经整合5000多家手机网站与5万多款APP媒介，覆盖全国600多个城市、近2亿消费者，收入超过6 000万元，是国内最大的手机应用广告平台。

创业前，陈第是华南理工大学计算机学院的本科生，大二时他开始做手机应用，和几个同学以做应用参赛获奖为乐，这伙人渐渐形成以陈第和李展铿为核心的创业团队。

2010年4月1日那天，陈第距离他的毕业典礼还有两三个月，陈第带领学生团队，推出了国内首个移动广告平台——有米广告。第一版上线之前，有米技术班底花费了 3 个多月时间进行开发，很多关键程序干脆是在学生宿舍敲出来的。4 月下旬，有米科技公司正式成立。

从大二开始，陈弟他们陆续参加了“IBM 主机应用创新大赛”“微软精英大挑战”“全国大学生信息安全竞赛”等大型比赛。在学校的时候就能接触这些著名企业，做一些实训项目，这些平台让他学到了如何进行项目管理、团队合作，这一切都为他自己创业奠定了良好的基础。

自从参加各种比赛并小有收获后，陈弟萌发了创业的意图。他意识到：大型机太复杂，难度很高，不是年轻人创业就能搞出名堂的；PC 市场已然成熟完善，想开创事业、进一步发展的机遇相对较少。经过陈第不自觉的“商业风险评估”，他决定从手机小游戏做起。

“年轻人觉得这个好玩，又是一个充满机会的新兴市场。”陈弟和他的伙伴试着开发了“蓝牙三国杀”“蓝牙斗地主”等手机游戏，很快便有很多用户下载来玩。

陈弟的创业遇到了瓶颈：应用若收费，没人玩；完全免费，开发者就赚不到钱。

2009 年年底，全球首家移动广告平台 AdMob 被谷歌以 7.5 亿美元收购，证明手机广告模式获得市场认可。这一事件给了陈弟启示：应用中嵌入广告来赢利的想法在陈第脑海中逐渐成形。

创业需要科技助力

2010 年年底，有米成为淘宝的“双十一”手机广告营销合作伙伴，还与诺基亚等客户达成了合作协议。虽然当时市面上已经多出了几家移动广告平台，但是有米的市场份额依然保持领先。

不错的业绩增长，以及美国手机广告市场的渐趋活跃，作为当时移动广告平台的 C2C（Copy to China）代表，投资人主动找上门来给陈第投资。

2011 年年初，有米获得一笔约 1 000 万元的天使投资，这笔资金的到账让有米度过了当时的手机广告公司大战。

虽然在竞争中有米烧掉了几百万元人民币，但到了 2011 年 9 月，有米新产品——积分墙的出现，亏损终止。2011 年，有米收入将近 2 000 万元，人员也扩充了两三倍。

到了 2012 年，虽然互联网巨头腾讯、百度相继在该领域发力，但市场格局已经趋于相对稳定。在移动广告领域内部，各平台的差异化也越来越明显。

“整个市场，它越成熟，机会越多，就有很多细分的方式。如果实在打不过巨头，我们就选择差异化路线。”陈第说，有米目前不追求广告形式的丰富曝光，而是专注于效果营销，通过积分墙、广告墙、插屏广告及广告条，把广告效果做到最好。

目前，随着智能手机用户的快速攀升，移动广告行业也正迎来爆发式增长。陈第表示：2013 年有米的目标收入将会是 8 000 万元到 1 个亿。

午夜“的士”洗车场

与技术创业相比，传统行业的微创业显得更为普遍。在没有太多技术含量的传统服务业，市场的细分和差异化是关键。

2008 年，28 岁的赵秋实在河南南阳市投资 10 万元开了一家洗车店，生意很快上了轨道。可惜，好景不长。他的洗车店附近很快就陆续来了几家同行。为了拉拢客户，他们竟半价收费，导致他的生意难以为继。

有一次，赵秋实坐的士去市区办事。偶然发现的士车的玻璃上沾满了泥，车内到处是灰尘。司机不好意思地解释说："为了拉生意，平时根本顾不上洗车，等到晚上收车后，洗车场又早已关门了。"交谈中，赵秋实又了解到，南阳市共有 2 000 辆的士，车主们都配备了双班司机，保证人歇车不停。

在短短的交谈中，赵秋实就发现了这一市场缺口，于是打定主意把自己的洗车场改成晚上营业，专洗的士车。

于是，赵秋实在洗车场里装了几个 1 000 瓦的照明灯泡，又制作了"午夜的士洗车场"的大牌子。当晚，他站在广告牌边等了一夜，却没迎来一辆的士，赵秋实心里有点失望。好在天快亮时，一辆路过的的士突然掉头回到他的洗车场，车主兴奋地说："我开了十多年的车，第一次遇到晚上营业的洗车场。"赵秋实很快将车洗得干干净净。

听了司机的话，赵秋实立刻就意识到自己缺乏宣传，司机们都还不知道有夜晚营业的洗车场。他想起了前几天来洗车的那个出租车司机，立即拨通他的电话，让他帮忙通过声讯台宣传他的午夜"的士"洗车场。

在声讯台的宣传下，第二天晚上，赵秋实就洗了 15 辆车，赚了 150 元钱。

随着洗车场名声远扬，赵秋实的生意红火起来。一回，一位来洗车的"的哥"见到赵秋实和员工忙得不可开交，便打了一桶水，拿起抹布自己洗了起来。洗完车后，他向赵秋实付钱，赵秋实根据水电成本，只按半价收了对方 5 元钱。

通过这件事，赵秋实灵机一动又推出了自助洗车模式，的士司机自己动手，他提供一切洗车用具，只收半价。这样一来，就再也没有出现排长队等候洗车的状况了。许多司机都认为自助洗车模式既方便又省时间。

2009年年初，赵秋实接连推出了套餐式多种服务优惠组合，如清洗、上光打蜡、玻璃打蜡、轮胎增黑和车内消毒的五合一洗车。这种服务，每次收费100元，同时，他还推出VIP式服务，给车主提供贴心的服务。

赵秋实的商业模式迅速遭到了附近的同行的竞相效仿。

经过苦苦思索，他决定打造成一个以汽车文化为主题的休息场所。他将毗邻的一个可同时停100辆车的大仓库租了下来，配备了多组沙发和桌椅，并在服务台旁安装了两台电脑，免费供顾客上网。不久，为了给顾客提供个性化的服务，他还在自己的洗车场为的士司机提供按摩和擦鞋服务。

2010年7月，赵秋实又在郊区开了两家同样规模的连锁洗车场。经过司机们口口相传，新开的洗车场生意也迅速火爆起来。如今，赵秋实每月的纯收入已高达5万多元。

女白领种菜种出过亿身价

人们对大学生、白领下乡养猪、种菜、卖肉的评价大多不能理解：辛辛苦苦读了这么多年书，应当是在办公室里过着朝九晚五的安稳日子，却到乡下放羊种地，岂不是一种资源的浪费？事实上，我国是人口大国、农业大国，有着1.4亿人口的农产品需求量，而我国的农业技术创新明显不足，农业产业存在着很大的市场缺口和发展空间，越来越多的年轻人把目光对准了农业创业。

上海白领周月雅放弃高薪工作，辞职回归农村，创建了农业企业——上海绿和园艺有限公司。2012年上半年，有人出资1亿元收购周月雅的这家公司，却被她婉言谢绝了。

时光回到5年前，她的一个朋友种植番茄遭遇困境：由于不懂技术，40多亩地只摘了200公斤好番茄，还卖不出去。仗义的周月雅帮助朋友联系到了一家大型超市的采购主管，IT销售行业出身的她凭借自己的好口才成功说动了这位采购主管。周月雅不光卖出了那些番茄，还让朋友成了这家超市的蔬菜供应商。

事后，周月雅对农业种植产生了浓厚的兴趣，索性辞掉网络公司的职务，2008年年底注册公司，在松江郊区租地200亩种起了蔬菜，正式做“农民”。

公司刚刚起步，周月雅仍像管理一家IT企业一样管理自己的农业公司。周月雅逐渐发现，虽然客户不断在增加，销售渠道在逐步推进，但公司的亏损却越来越大。2009年年底，周月雅已经亏损150多万元，其中不仅包括自己全部的积蓄，还有借来的50多万元。

那段时间，周月雅承受着巨大的压力。但她并没有放弃，在朋友赊账供货的支持下，她包揽了一家大型超市卷心菜促销的项目，一举扭转了企业的亏损局面。

自此，周月雅痛定思痛，决定改变自己的管理方式，亲自跑菜市场采购，下地与种植户面对面沟通。她利用自己熟悉的IT技术，自主研发软件，设计了“绿和蔬菜配送系统”，成为业界第一家完全实现信息化管理的企业。2010年，她有了平均每月100多万元的销售业绩。

高永峰远离“富二代”光环创网店

调查发现，半数以上的“富二代”对于自主创业热情高涨。《2011中国私人财富管理白皮书》分析指出，一来因为他们具备相当的经济条件，二来不用像其他“80后”一样投身目前拥堵的就业大潮，三来可以证明自己的价值。就广东地区而言，“富二代”认为传统产业辛苦而无趣，更青睐创意产业。普遍趋势是他们广泛投资于信息产业和贸易、服装纺织行业；初始创业资金绝大部分来自于朋友，通常在50万~100万元之间；经验欠缺成为自主创业的桎梏。其次，关系网尚未建立也令人头疼。“富二代”对社会的认知，有时是理想化的。

上海诠渡堂服饰有限公司的创始人高永峰说：“每个人说起我的创业，绕不过去的就是我父亲。”作为上海嘉乐股份有限公司董事长高华林的次子，他“富二代”的背景无法回避，但高永峰刚创业时并未获得家庭的支持。

2006年，高永峰从英国留学归来，顺理成章进入父亲创办的嘉乐公司。但没多久，他就觉得这并不是自己想要过的生活。当看到分众传媒、聚众传媒等广告公司生意红火时，他再也按捺不住创业的念头，用自己“积攒”的100万元招兵买马，找了七八名伙伴办起了一家网络广告公司。然而，由于经验的缺乏，虽苦苦支撑，但最终还是以失败收场。

首次创业失败后，高永峰并未放弃，经过几个年轻人再次慎重的思考，高永峰想到了自己最熟悉的服装行业。于是，他带着原班人马从市区转战金山，在乡下租了一间房子，开起了一家叫作诠渡堂（Trenduality）的服装网店。

网店很快投入运营。第一次创业后他们的资金仅剩下十几万元。高永峰和他的伙伴设计网店、当客服、进货、发货，甚至自己当起了平面模特……由于从小就对服装行业耳濡目染，高永峰的网店很快上了轨道。当时，正赶上淘宝发展的黄金时期，第一年营业额就达到了500多万元，第二年则做到了3 000多万元。

然而，当诠渡堂的营业额超过3 000万元之后，高永峰决定注册自己的公司。这时，父亲找到了高永峰，想与之进行“合作”。而此时，随着网店知名度的不断扩大，几家风投公司不约而同找到了高永峰。经过各方权衡，他选择了父亲3 000万元的投资。

2011年，上海诠渡堂服饰有限公司正式成立，如今已有员工80多名。当年10月，诠渡堂正式签约苏醒为品牌形象代言人。高永峰说："现在，公司正酝酿新一轮的战略调整，我们还将推出lovebanana品牌，利用嘉乐的优势进一步开拓针织类产品，希望进一步细分市场。"面对他人对其创业背景的质疑，高永峰说："只能说我比别人的平台更好，但是父母不可能照顾自己一辈子，最终还是得靠自己。"

微创业的步伐已经在各行各业行动起来了。中国14亿人只要存在0.1%的需求，这个市场依旧是巨大的。微创业，你还在等什么？

第三章

微创业商业模式

开篇案例

有三个人想做生意，由于机缘巧合，三人各获得一两银子作为创业的本钱。第一个人买来草绳做草鞋，赚了一钱银子；第二个人看到春天来临，买了纸和竹子做风筝，赚了十两银子，第三个人看到人参资源将慢慢枯竭，于是买了很多人参种子，走到人迹罕至的深山播下，七年后收获上好七年野山参，收获30万两银子。很简单的一个小故事，不同的人看到了不同的商机，折射出不同的生意头脑，从而获得不同的收益。第一个人用了最简单的商业模式，从事最简单的加工制造，制造低端易耗品，赢利模式很单一，而且这种加工方法没有创意，很多人都可以做，产品很容易被替代，所以他赚的钱也是最少的。第二个人在加工制造的同时加入了自己的创意，为顾客创造价值，满足目前市场所需，所以他所赚到的钱比第一个人多了很多。第三个人则是从长远考虑，专注未来市场供需走向，提供高端的、稀缺的、很难被替代的高价值产品，所以他所获得的成功也是最大的。不同的创业者选择了不同的商业模式，故而结果也就有所不同。

第一节　赢在商业模式

有了好的创意，产生好的创业项目，进而有了满足客户需求的产品或服务，这个过程不是一蹴而就的，不是仅凭空想就可以实现的。启动资金少、风险小的微创业必须有清晰的利益点，寻找好的赢利模式，为企业的发展指明战略方向，降低风险。如果创业者能够明确地构想出企业的商业模式，知道企业本身所具有的关键资源是什么、关键流程是怎样的、创造的价值是什么以及赢利模式是怎样的，那么新创公司就能够迅速走上正轨，避免很多不必要的弯路。相反，如果创业者仅凭拍脑门来决定企业的运作，那么新创企业将会存在很多不确定性，随之而增加的便是风险性。

不同的行业、不同的企业，有不同的商业模式，但是这些不同的商业模式又有着共同的规律。在发现商机之后，成功创业之前，创业者需要做的就是在这些共同规律中找到自己的特色，找到适合自己的商业模式。

什么是商业模式

2003 年，苹果公司推出了新产品 iPod - iTunes 组合。这种便携式娱乐设备创造了一个新的市场，仅仅三年，该产品组合就为苹果公司创收近 100 亿美元。为什么会如此成功？如果你说是因为其产品创意好，那么在苹果公司将数字音乐播放器推向市场之前，“钻石多媒体”公司和 Best Data 公司已经生产了两款可随身携带又新颖时尚的数字音乐播放器，为什么它们没有获得如此大的成功？

其实，苹果公司的成功之处就是不仅仅为新技术提供时尚设计，还把新技术与卓越的商业模式结合起来了。苹果公司真正满足的需求是让数字音乐下载变得更加简单易行。它开创了一种全新的商业模式，将硬件、软件和服务融为一体，通过销售低利润的 iTunes 数字音像（音乐、电影等）带动高利润的 iPod 的销售，实现公司的赢利。

商业模式是什么？是企业的赢利模式？是能让企业赚钱的一套营运方法？是能提供独特价值但又不易被模仿的生存之道？还是利益相关者的交易结构？众说纷纭。

哈佛大学教授马克·约翰逊（Mark Johnson）、克里斯坦森（Clayton Christensen）和SAP公司的CEO孔翰宁（Henning Kagermann）认为，任何一种商业模式都是一个由客户价值、企业资源和能力、赢利模式构成的三维立体模式，并在《商业模式创新白皮书》中把这三个方面概括为：其一，“客户价值主张”，指在一个既定价格上企业向其客户或消费者提供服务或产品时所需要完成的任务。换言之，企业到底能为客户提供什么？为什么客户偏偏买你的产品或服务而不买别人的？其二，“企业资源和能力”，即支持客户价值主张和赢利模式的具体关键资源和关键生产流程。也即是说，企业凭借什么来实现客户价值？凭借什么来赢利？企业拥有什么资源和能力？其三，“赢利模式”，即企业为股东实现经济价值的过程。“不赢利的企业是不道德的”，如果企业拥有社会资源而不创造价值，那是对资源的一种浪费。综合上述三点，其对商业模式定义如下：商业模式就是如何创造和传递客户价值和公司价值的系统。客户价值主张、赢利模式、关键资源和关键流程这四个密切相关的要素构成了商业模式。

创业妙思往往存在于脑海里一闪而过的想法中

通常，对于微创业企业来说，商业模式的雏形隐藏于创业者的创意或想法之中，例如创业者突发奇想地对资源进行创造性组合，偶然间发现未被满足的市场需求或是对未被利用的资源、能力的深度挖掘等。因此，只有寻找到能够满足的客户价值，寻找到所拥有的核心资源或竞争优势，寻找到赢利点，才能将商业创意演变成能提供独特价值的、难以模仿的、能够赢利的商业模式。

此外，一个行业的成功模式在其他行业的应用也是商业模式的一种创新。例如 PC 行业中戴尔的直销模式。迈克尔·戴尔（Michael S. Dell）在当初起家时靠的是用零部件组装电脑，然后直接倒手卖给用户以赚取利润。后来成立了戴尔公司，并一直坚持使用这种成功的直销模式。现在 PC 行业竞争激烈，模仿戴尔直销模式的企业也有很多，但是始终没有戴尔做得好。而在服装行业中，凡客诚品采取的直销模式取得了巨大的成功。以男士衬衫起家的凡客诚品（VANCL），将现代电子商务模式与传统零售业进行创新性融合，以现代化网络平台和呼叫中心为服务核心，配合先进的直销理念、卓越的供应链管理方式以及高效完善的配送系统，为消费者提供高品质的服装产品与服务。凡客诚品，把为顾客提供低价高质的产品或服务作为其价值主张，通过网络直销，省去实体店和经销商的相关费用，降低成本，获取价格优势，进而赢利。卓越的供应链管理方式及高效完善的配送系统是满足客户价值并实现企业自身价值的过程中不可缺少的关键流程。不得不说，凡客诚品把直销模式应用到服装行业，恰恰是在这种已经人尽皆知的商业模式中寻找到了新的契合点，从而取得成功。

商业模式，为创业者把握方向。小企业之所以能做大、做强、做久成为大企业，恰恰是找到了值得坚持的商业模式。无论是建立一个伟大的商业帝国，还是只想开家小公司，商业模式都是至关重要的。

好的商业模式铸就成功

人人都知道失败是成功之母，但有时候成功却是失败之父。在中国，“串起每一刻，别让她溜走”的广告语曾深入人心，然而谁也没有料到，辉煌百年的柯达会让这一刻“溜走”。曾辉煌一时的世界胶卷大王柯达公司在向纽约证交所提出破产保护时，引起业界的一片哗然。柯达的破产除了让人扼腕叹息之外，更多的是深刻的警醒。柯达失败主要基于两方面的原因：首先，传统相机和数码相机的工作原理不同，在数码时代，柯达基于传统相机的供应链优势和专利优势不复存在；其次，在新的全球化市场环境中，柯达陈旧的商业模式也不复当年的竞争力；再次，商业模式不是一成不变的，应随着内外环境的变化，做出相应的适应性创新。而柯达固守成规，并没有跟上形势变化。真所谓成也商业模式，败也商业模式。商业模式对大企业尚且如此，更何况是微型创业企业。

据《科学投资》杂志调查显示：在创业企业中，因为战略原因而失败的有23%，因为执行原因而夭折的也只不过28%，但是因为没有找到合适的商业模式而走上绝路的却高达49%。没有一种合理的赢利模式或商业模式，不管企业名气多大、资产多雄厚，也必定走向衰亡。商业模式是关系到企业存亡和兴衰成败的大事，企业要想获得成功，就必须从制定恰当的商业模式开始。20世纪最伟大的管理大师彼得·德鲁克忠告企业界：当今企业之间的竞争，不是产品之间的竞争，而是商业模式之间的竞争。好的商业模式对于创业型企业而言有以下几个作用。

1. 好的商业模式有助于提高创业成功率

创业者一旦发现机会就不假思索地去开发运行，结果往往是失败的偏多。其实，创业失败的原因并不是创业者的工作不够努力或是创业机会不好，而是创业者没有做好协调工作，没有对创业机会之间的内在逻辑进行分析，也没有对商业模式的可行性或适用性进行分析，甚至连商业模式都没有构建。一个没有优胜商业模式的企业怎么可能走得长久？

2. 好的商业模式有助于募集资金

有些想创业的年轻人满腔热血地去寻找资金支持，他们的商业创意或许很不错，但在把商业创意付诸实践行动时，却没有清楚地表达这个创意如何赚钱或赢利。精明的投资者没有看到一个具有吸引力的商业模式，怎么可能随意地提供资金支持呢？

3. 好的商业模式有助于利用企业资源

商业模式不仅能告诉投资者赢利点是什么，而且好的商业模式也同样是在帮助企业提升价值和资源利用效率。很多创业者在创业之初，并没有筹资、融资困难，而是不知道如何把所筹得的资金或资源进行最大化利用。如果有了一套相应的商业模式运作体系，这个问题就会迎刃而解了。

4. 好的商业模式有助于突破企业成长的瓶颈

一个存在很多年的企业，如果销售额变化不大，一般不会是管理模式的问题，极有可能是因为商业模式和资本模式没有运作到位。由于商业模式的限制，企业只能有这样的销售额，商业模式不改变，企业就不可能获得跨越性的发展。商业模式并非一成不变的，好的商业模式应具有适应性、创新性和变动性，这样才能保持企业活得更长久。

第二节　用画布分析商业模式

在当今这个瞬息万变的时代，毫不夸张地说，每天都有无数个企业新生，同样也有无数个企业消失。成功生存下来的企业一定有其独特的方法和经营思路。2000 年互联网泡沫破裂时，原时代华纳首席技术官迈克尔·邓恩在接受美国《商业周刊》采访时反思说：“一家新兴企业，它必须首先建立一个稳固的商业模式，高技术反倒是次要的。在经营企业的过程中，商业模式比高技术更重要，因为前者是企业能够立足的先决条件。”

所有成功的大企业都是从小企业秉持成功的商业模式一步步走过来的。其实沃尔玛是开杂货店的，可口可乐是卖汽水的，微软是卖软件的，国美是开电器店的，小肥羊是开火锅店的，这些普通行业的成功说明了什么？其实说明一个道理：无论技术处于怎样的水平，都能成功，关键是要找到成功的商业模式，并把商业模式的赢利能力快速发挥到极致。

在这个充满挑战和机遇的社会大环境下，找到适合自己生存立足的路径，对于创业者来说是最重要的。找到合适的商业模式是创业者的生存之本，但是很多有创业想法或者已经在行动的创业者，有些时候会不知道该怎样寻求商业模式。在融资时，创业者需要通过简洁、明了的语言来吸引投资者。如简要介绍产品或服务具有怎样的吸引力或市场，目标顾客是谁，项目如何赢利等一系列问题。目前一种非常实用的分析工具——商业模式画布分析工具，可以帮助创业者设计创业计划书以及寻找合适的商业模式。

此画布非彼画布

提到画布，可能我们脑海里会想到作画的画布。我们这里所指的画布不仅只是画布，而是一种分析工具，是由 9 个构造块来填充的一块画布，用来分析、讨论、设计或绘制商业模式的一种分析工具。在实际应用中，参与讨论者可以随手拿起马克笔去填充画布的空格，从而找到不断完善的商业模式。

画布分析法是一种比较新的工具。正如亚历山大·奥斯特瓦德（Alexander Osterwalder）在《商业模式新生代》中提到了这种分析商业模式的新工具，即画布。他在此书中是这样介绍商业模式画布的：它以图形方式描述商业模式的九大板块，进而说明企业运行机制的重要方式。一个组织的商业模式由 9 个基本的构造块构成：客户群体，每个细分领域的价值主张，渠道通路，所建立的客户关系，所产生的收入来源，核心资源，要创造价值所需的关键业务，重要合作伙伴和成本结构。但是，商业模式远远不是简单地罗列这 9 个构造块，而是将这 9 个构造块预先在画布上匹配出来，并致力于回答每一个构造块可能会遇到的问题。商业模式的9 个基本构造块是：CS 客户细分，VP 价值主张，CH 渠道通路，CR 客户关系，R $ 收入来源，KR 核心资源，KA 关键业务，KP 重要合作，C $ 成本结构。如下表所示：

商业模式构造块

<table>
<tr><td rowspan="2">KP 重要合作</td><td>KA 关键业务</td><td rowspan="2">VP 价值主张</td><td>CR 客户关系</td><td rowspan="2">CS 客户群体</td></tr>
<tr><td>KR 核心资源</td><td>CH 渠道通路</td></tr>
<tr><td colspan="2">C $ 成本结构</td><td colspan="3">R $ 收入来源</td></tr>
</table>

画布分析工具可以帮助开发、讨论、设计和运作新的商业模式。这是一种用来描述商业模式、可视化商业模式、评估商业模式以及改变商业模式的通用工具。下面我们简明扼要地展示这9个构造块。

九步“画”出卓越模式

1. 客户细分（customer segments）

客户细分是20世纪50年代中期由美国学者温德尔·史密斯（Wended Smith）提出的，其理论依据在于顾客需求的异质性，以及企业需要在有限资源的基础上进行有效的市场竞争。客户细分是指企业在明确的战略业务模式和特定的市场中，根据客户的属性、行为、需求、偏好以及价值等因素对客户进行分类，并提供有针对性的产品、服务和销售模式。客户构成了商业模式的核心，如果没有可获利的客户，就没有企业的生存与发展。创业者要想更好地满足客户，就需要正确地选择目标群体，并且对特定客户群体的需求进行深刻分析，仔细设计相应的商业模式。

做好客户细分，可以帮助创业者思考两个问题：

（1）我们正在为谁创造价值？

（2）谁是我们最重要的客户？

关于客户群体，我们应该清楚地认识到：

（1）不同的客户群体需要不同的价值服务、渠道通路和客户关系；

（2）客户群体有付费和免费之别；

（3）同样是付费客户群体，对企业的收入贡献可能有天壤之别。

其中需要特别注意的是在寻找客户群体时，并非所有的客户都必须是付费的。例如，很多社交网站Facebook、SNS、QQ等，它们的大多数客户是免费客户，无须付费便可享受其中的一些服务。当然，这些网站肯定会有其他的付费客户，如广告商。正是因为它们拥有数以亿计的免费用户，才吸引了许多愿意付费的客户与之合作。

2. 客户价值主张（value propositions）

客户价值主张是指通过为特定客户群体提供满足其需求的系列产品和服务来创造价值，它解决了客户的困扰或者满足了客户的需求。找准客户所需求的价值主张，并为之提供产品或服务，以迎合特定群体的需求。

价值主张分析可以帮助创业者思考以下几个问题：

（1）我们该向我们的客户传递什么价值？

（2）我们正在帮助我们的客户解决哪一类难题？

（3）我们正在满足我们客户的哪些需求？

（4）我们正在为我们的客户提供哪些产品和服务？

有些价值主张可能满足了客户从未感受和体验过的需求，从而引领了一种全新的体验。例如 O2O（online to offline）商业模式，实现了线上支付、线下消费，是与以往不同的电子商务模式，从而给消费者带来新鲜感。有些为客户提供象征地位和品质的价值主张，能让客户感到与众不同、身份倍增。例如，阿玛尼服装，其本身象征着品位、财富、品质和高质量。不言而喻，产品可为客户带去地位和品位的附加值。所以找准为客户提供的价值至关重要。

大力推动品牌发展才能长期受益

3. 渠道通路（channels）

渠道通路即如何通过沟通、分销和销售渠道，接触其细分客户群体，以便传递其价值主张。沟通、分销和销售这些渠道构成了公司与客户的接口界面。渠道通路是客户接触点，它在客户体验中扮演着重要角色。渠道通路主要解决两方面问题：一是采取什么方式去宣传产品或服务，二是采取什么方式为客户提供价值主张。

渠道通路分析可以帮助创业者思考以下几个问题：

（1）通过哪些渠道可以接触我们的客户细分群体？

（2）哪些渠道最有效？

（3）哪些渠道成本效益最高？

（4）如何把渠道与客户的例行程序进行整合？

4. 客户关系（customer relationships）

客户关系是与特定客户细分群体建立的关系类型。企业应该明确希望与每个客户细分群体建立的关系类型。常见的客户关系类型有买卖关系、优先供应关系、合作伙伴关系和战略联盟关系。对于创业者来讲，客户关系的维护也是很重要的，需要明确客户的目标、责任和期望；需要有效地沟通；需要与客户的价值观保持一致；需要积极主动反馈；需要不断跟进客户。

客户关系分析可以帮助创业者思考以下几个问题：

（1）客户细分群体希望与之建立和保持何种关系？

（2）已经建立了哪些关系？这些关系的成本如何？

（3）如何将客户关系与商业模式中其余部分进行整合？

5. 收入来源（revenue streams）

如果客户是商业模式的心脏，那么收入来源就是商业模式的动脉。

企业必须明确是何种价值能够让客户细分群体真正愿意付款，只有回答了这个问题，企业才能在客户细分群体中发掘一个或多个收入来源。

收入来源分析可以帮助创业者思考以下几个问题：

（1）什么样的价值能让客户愿意付费？

（2）他们现在付费购买的是什么？

（3）他们现在怎样付费以及他们更愿意如何付费？

（4）每种收入占总收入的比例是多少？

6. 核心资源（key resources）

核心资源即所拥有的具有竞争力的资源，这些资源使得企业组织能够创造和提供价值主张、接触市场、与客户细分群体建立关系并赚取收入。所以创业者在进行创业行动之前，一定要找到自己的竞争优势，即明确自身拥有哪些资源，这些资源是否可以带来竞争优势。

核心资源分析可以帮助创业者思考以下几个问题：

（1）所提供的价值主张需要何种核心资源？

（2）渠道通路需要何种核心资源？

（3）客户关系及收入来源又需要何种核心资源？

（4）现在已经拥有哪些核心资源？与以上所需要的资源匹配吗？

7. 关键业务（key activities）

为了确保商业模式可行，企业必须通过执行一些关键业务活动实现运转，并且这些业务是企业得以成功运营所必须实施的最重要的动作。例如，对于微软等软件制造商而言，其关键业务是软件开发；对于戴尔等电脑制造商来说，其关键业务是供应链管理；对于麦肯锡咨询企业而言，其关键业务是问题求解。

8. 重要合作（key partnerships）

重要合作即寻找供应商或合作伙伴。企业会基于多种原因来建立合作关系，例如为了降低经营风险，或为了更容易获取资源，或为了获得规模经济而建立合作关系。合作关系正日益成为许多商业模式的基石。

重要合作分析可以帮助创业者思考以下几个问题：

（1）谁是我们的重要伙伴？谁是我们的重要供应商？

（2）我们可以从伙伴那里获取哪些核心资源？

（3）合作伙伴都执行哪些关键业务？

9. 成本结构（cost structure）

即运营一种商业模式所需要投入的所有成本。例如创造和提供价值、维系客户关系以及生产运营都会引发成本。

成本结构分析可以帮助创业者思考以下几个问题：

（1）商业模式中最重要的固有成本是什么？

（2）哪些核心资源花费最多？

（3）哪些关键业务花费最多？

基于对画布中9大构造块的详细介绍，经提炼，每个不同的构造块最需要回答的问题如下表所示。

构造块所需要回答的问题

KP 重要合作 ·谁可以为你提供帮助？谁是你的合作伙伴？	KA 关键业务 ·你要做什么？	VP 价值服务 ·你能向客户提供什么？	CR 客户关系 ·谁将与你打交道？如何建立关系？	CS 客户群体 ·你能向谁提供价值？
	KR 核心资源 ·你拥有什么？			CH 渠道通路 ·怎么宣传和交付价值？
C $ 成本结构 ·你要付出什么？			R $ 收入来源 ·你将获得什么？	

第三节　案例研究

究竟怎样用商业模式画布工具去分析商业模式呢？为了更简洁地使用画布分析法，我们可以从大的宏观构架上把画布分析工具的 9 个构造块分为 4 个板块，即客户、提供物、财政和基础设施。因为商业模式的核心要素是客户、价值和利润，所以要想找到比较完美的商业模式，必须先弄清楚几个最基本的问题：

（1）客户是谁？（客户）

（2）产品或服务会给客户带去什么价值？（提供物）

（3）通过什么样的业务活动或具有竞争力的资源去为客户提供价值？（基础设施）

（4）怎么衡量投入和回报以便获得合理的利润？（财务）

如下表所示：

四个板块

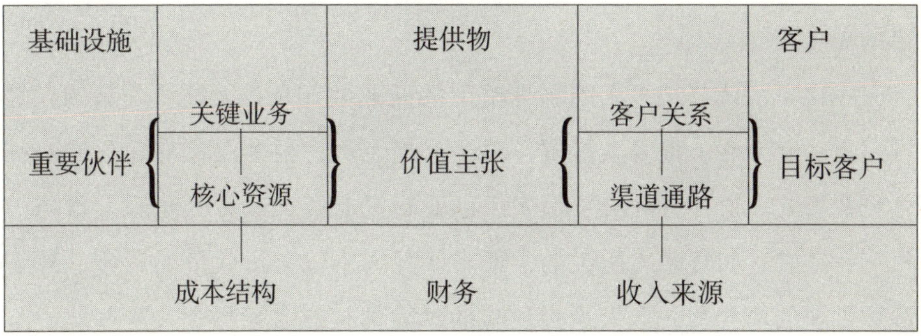

“很多人的咖啡馆”的新奇模式

2011年1月7日，蚊二妞在豆瓣网“吃喝玩乐在北京”小组上发了一个题为《我们用2 000块钱来开咖啡馆吧》的帖子。在这个帖子中，蚊二妞这样写道：每天背靠阳光面朝电脑坐在办公室的时候，我总是想面对阳光端上一杯咖啡……进而，我又很奢侈地想：我要开咖啡馆……所有和我一样想开咖啡馆的朋友，拿不出几十万上百万，也不可能辞掉工作专门开店，自己也承担不了那么大的风险。大家一起来做一个咖啡馆，用我们一点点的钱一点点的时间，凑成很多的钱、很多的时间。名字就叫响亮的“很多人的咖啡馆”。2011年9月10日，“很多人的咖啡馆”在北京正式开业。这个营业面积200多平方米，名为“很多人的咖啡馆”的店，最初股东78名，他们都是豆瓣网友。这些人里面有公司职员、公司老板、公务员，也有摄影发烧友和古玩生意经营者，等等。自愿加入的股东，每人入股股金在2 000～20 000元不等。经过三番五次的选址，咖啡馆最终开在北京芍药居北里，与中国现代文学馆相隔不远的一处半地下室。同时，“很多人的咖啡馆”也号召全国各地网友都来创办属于自己的咖啡馆。

不得不承认“很多人的咖啡馆”的商业模式是让人耳目一新的，是很多人一起开店，很多人投资，很多人当老板，很多人参与经营的一种微创业模式。这种方式给了很多想创业却没有资金或者时间的人参与的机会，或者正如发起人所说的，很多年轻人难以拿出大量的资金、缺乏辞职创业的勇气和一个人承担风险的冒险精神，大家每个人凑些钱、凑些时间，也能够开创一家咖啡馆。

（1）客户群体。

很多人的咖啡馆所涉及的客户群体，除了来店喝咖啡的顾客外，还有极易被忽略的客户群体，即股东。有些人或许不解，这些股东是咖啡馆的发起人，怎么又会是客户呢？咖啡馆之所以能开张，首先必须有人投资，如果吸引不了这个客户群体（股东）来投资，就没有资金基础，就不可能开张。所以，股东是咖啡馆的另一个非常重要的客户群体。

（2）价值主张。

这样的咖啡馆向客户传达了什么样的价值呢？首先，向股东客户提供的价值便是成为创业者，现实生活中没有太多资金创业但却有创业想法的人有很多，这样的咖啡馆便是满足这些人创业的愿望，带给他们高度的精神愉悦。其次，通过这种与众不同的咖啡馆，给来店消费的普通客户一种不一样的体验氛围。

（3）渠道通路。

不得不说“很多人的咖啡馆”的渠道通路很高明。首先，这是一家很多人参与的咖啡馆，每个人都有很多朋友，很多朋友又有很多朋友，只要有一个朋友成了咖啡馆的长期客户，那马上就有数十或数百人的客户了，更何况那些交际广泛的人，这样，市场就很容易打开。朋友之间的口碑相传非常重要，“很多人的咖啡馆”在这一方面拥有很大的优势。再者，互联网可以帮助咖啡馆获得大量的人气。本来这个开店的创意就是在网络上发起的，会引来很多网友的关注和评论，从而增加咖啡店的人气。

（4）客户关系。

对于消费者，咖啡馆通过有特色的活动来增强消费者的消费体验，并借助博客、微博、论坛等与消费者互动，提醒消费者有这样一家特殊的咖啡馆存在，并且有一群有梦想的人在为他们服务。咖啡馆的特殊客户群体——股东，与其他企业的股东不同。虽然赢利是咖啡馆的生存基础，是股东们的目的，但不是唯一目的。“很多人的咖啡馆”更是帮助很多人实现了开咖啡馆的梦想。对于股东来说，这家咖啡馆所带来的精神愉悦，远高于它所带来的物质回报。所以，共同的梦想维护了咖啡馆的客户或股东关系。

（5）收入来源。

除股东的投资外，主要收入来自于咖啡店的经营。

（6）核心资源。

“很多人的咖啡馆”拥有很多的老板，这是其他咖啡馆所不能比的。“很多人的咖啡馆”，很多人参与，涉及各个行业，有很多人才，通过合理分工完全可以掌控整个店的运营。工艺设备组、法律财务组、装修选购小组、运营市场组等的成立也是公开透明的，咖啡馆实现组织化、制度化、公开化、透明化、高效化，有众多人的监督，一旦碰到重大决策问题，则采取投票机制，让占多数的意见成为最后的决策，只要最终决策合理，咖啡馆有70%的机会是能持续赢利的。所以，从这个角度来看，其核心资源即是众多老板的智慧和运营制度。

（7）核心业务。

不言而喻，“很多人的咖啡馆”主要的经营业务就是咖啡，极具针对性。围绕咖啡的氛围主题有休闲小憩、情侣约会、朋友聚餐、家庭聚会、商务宴请等各类活动。

（8）重要合作。

“很多人的咖啡馆”是如何寻求合作的呢？如同发起人所号召的，在生活中有太多的人想创业，却没有资金、时间或精力去做这件事，而“很多人的咖啡馆”只要很少的投资，就可以成为投资人，并且有了创业的感觉。股东所获得的心理体验以及与其他人分担风险，会提高参与的积极性。

（9）成本结构。

咖啡、菜品、原材料、服务费用、店铺房租以及装修设备采购等费用是咖啡馆的成本。为保证创业资金的可靠性，咖啡馆与股东约定的退出机制是：入股后，不得撤资，只能转让股份。除了聘请的经营者需要支付工资外，股东们参与收入分红。

由上述分析，把“很多人的咖啡馆”商业模式填充到含有9大模块的画布中，如下表所示：

很多人的咖啡馆商业模式画布分析

KP 重要合作	KA 关键业务	VP 价值主张	CR 客户关系	CS 客户群体
·有创办咖啡馆梦想的投资者	·经营咖啡店，并营造不同活动主题 ·公司治理，维护股东利益	·有特色的消费咖啡的体验 ·满足创业愿望	·借助店内活动和网络平台与客户互动 ·靠创业者共同的梦想来维系	·消费者 ·投资股东
	KR 核心资源 ·众多股东老板的头脑智慧 ·运营制度		CH 渠道通路 ·线下人员推广 ·线上推广	
C $ 成本结构 ·店铺租金、人力成本、材料成本等			R $ 收入来源 ·股东的投资和经营收入	

“很多人的咖啡馆”最初由蚊二妞（网名）头脑中的一个想法，经过一系列不断的构思完善，逐渐演变出商业模式，而且这种商业模式也得到很多有创业想法的人认同，并且积极加入进来。随后，“很多人的咖啡馆”的商业模式在全国各地如雨后春笋般出现。

总之，“很多人的咖啡馆”是凭借“创意＋民主制度＋彼此信任的团队”，由社交网站上的一个创意，走向线下实体商业的新模式。这种商业模式表现出以下几个方面的特征：紧密利用互联网技术和平台；参与者大多数有自己的职业并且拥有一定的专业技能，而作为咖啡馆的股东只是其非职业化的一个选择，他们拥有创业的梦想却没有创业经验，他们投入的资金少，承担的风险也小。因为这种借助于网络平台、门槛低、起步易的创业模式很受年轻创业者的追捧，所以后来被很多地方模仿复制。

另类复印店的模式谜局

复印店有很多，但是免费复印的复印店还真稀有。很多人可能会产生疑问：免费复印店？不收钱的复印店，那它靠什么来维持经营呢？

几位发过传单的大学生，敏锐地发现很多广告宣传单是单面的，有一面空白被浪费了。所以，这几位同学集资在学校附近开了家复印店。复印纸的一面用来为商家做广告宣传，另一面为学生们免费印资料，通过广告投放来吸引商家为复印店出资。这种方式对学生很有吸引力，因为有很多需要打印的资料对纸张要求不高，例如课件、考试资料等，这些资料占学生打印的大部分。打印纸另一面的广告对学生影响也不大。尽管这家店相比其他复印店离学校较远，但学生也会首选这家店。可是没过多久，这家店便取消了免费复印的规定，开始遵从行业标准，与其他的复印店没有差异，来的学生也就没有那么多了。为什么这家另类的复印店没能走得更远？

揭开谜底是在一次创业交流会上，这几个创业学生说出了他们遇到的困惑：当时的侧重点在于寻找更多的学生群体来复印或打印，借助 A4 纸上的广告为商家做宣传，以此来吸引广告商出资，维持小店的生存。但是为什么还是失败了？

从他们的困惑中我们有什么启发呢？针对这家免费复印店的现状，我们仍先用画布分析工具分析它的商业模式是怎么运作的，存在哪些致命的缺陷。如下表所示。

修改前的复印店商业模式分析

<table>
<tr><td rowspan="2">KP 重要合作
·广告商</td><td>KA 关键业务
·复印、打印</td><td rowspan="2">VP 价值服务
·向学生提供免费服务
·帮商家做宣传广告</td><td>CR 客户关系
·免费服务，学生会保持较高忠诚度</td><td rowspan="2">CS 客户群体
·学生</td></tr>
<tr><td>KR 核心资源
·提供带有广告的 A4 纸</td><td>CH 渠道通路
·店面人员推广</td></tr>
<tr><td colspan="2">C $ 成本结构
·复印店运作资金</td><td colspan="3">R $ 收入来源
·商家广告宣传费</td></tr>
</table>

这家复印店的问题出在哪里？

在分析其为什么失败前，先思考几个问题：

（1）如果复印店的客户只有学生的话，这是个免费群体，那么谁是付费的客户群体？

（2）它有哪些核心资源可以保证这些价值的实现？

结合上面的画布分析工具，这家免费复印店的商业模式根本回答不了上面的几个问题，它在选择这种经营方式之初并没有全面考虑它需要面对的问题。

接下来我们使用商业模式画布分析工具对它的商业模式框架做出修改和完善。

首先分析它的客户关系。学生群体是它的一个免费客户群体，为了能支撑它的运营，必须有付费的客户群体才可以，即需要做广告宣传的商家。其次，免费复印店可以为学生群体提供的价值服务不言而喻，重点是怎样才能吸引商家。当复印店处理不好与商家客户之间的关系，不能向商家客户提供具有吸引力的价值时，这家复印店就没有资金来源来支撑免费复印的商业模式。最后，复印店需要考虑商家客户需要什么价值服务，并且尽最大努力去满足商家所需要的价值服务，才能保持良好的合作关系。

例如，一家运动鞋店与复印店合作，其合作的目的肯定是在受众中加大宣传，吸引更多的消费者去鞋店买鞋。当学生群体复印时，用到印有鞋店宣传信息的A4纸，可能会因宣传信息影响而去光顾这家鞋店，鞋店因客流量增多而使营业额增加，则鞋店所需要的价值服务被满足，进而促进两者之间的合作关系。

复印店的核心资源有两个方面：

其一，拥有大批的免费客户，这些客户都是潜在的广告受众，广告受众群体足够大则可以吸引更多的商家来复印店投放广告。

其二，广告投放商，用广大的受众群体吸引商家投放广告。因为广告越多，免费复印纸越多，可以传播的受众也就越多。其实学生和商家之间是潜在相互影响的，而复印店所做的就是努力做好中间的牵线搭桥。如下图。

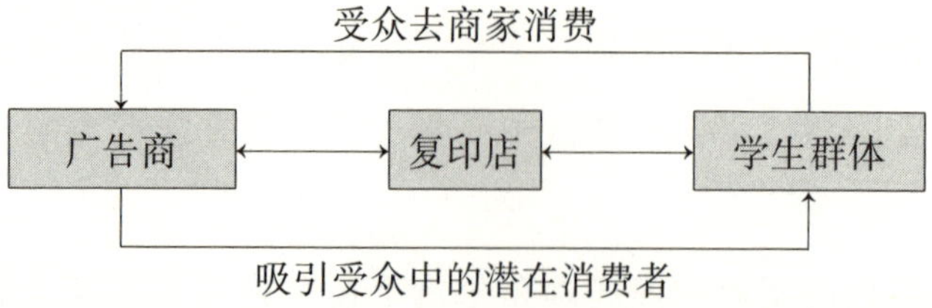

三者之间的相互关系

经过改进的商业模式画布如下表，它清晰地表达出这家复印店需要解决的问题。发现问题后，可以随时在画布中进行重新修改设计，方便、灵活也是画布工具的优势之一。

修改后的复印店商业模式分析

<table>
<tr><td rowspan="2">KP 重要合作
·以学生为目标顾客的商家</td><td>KA 关键业务
·吸引商家做广告
·吸引学生来店复印/打印</td><td rowspan="2">VP 价值服务
·向学生提供免费服务
·帮商家做宣传广告</td><td>CR 客户关系
·为商家做足够的宣传推广
·为学生提供免费服务</td><td rowspan="2">CS 客户群体
·广告供应商
·学生</td></tr>
<tr><td>KR 核心资源
·受众群体：学生众多
·广告商：愿意为宣传广告付费</td><td>CH 渠道通路
·店面人员推广</td></tr>
<tr><td colspan="3">C＄成本结构
·复印店的运作资金</td><td colspan="2">R＄收入来源
·商家的广告宣传费</td></tr>
</table>

寻找二手车模式中的新角色

在中国，很多城市都有大学城，每个大学城，甚至每个学校都会有二手车市场，或大或小，总会有想创业的学生介入二手车市场。最近几年，各大高校兴起一些创业创意大赛或创业挑战大赛，吸引了很多有创业想法的学生踊跃参与。但是有些创意会略显稚嫩，还需要创业导师来指导学生不断地更新和完善创业的商业模式。

小丁在一次创业挑战赛上向各位导师阐述了他的创业想法：由于我们学校校园比较大，宿舍与教室之间距离很远，很多同学有购买自行车的需求。我想首先在我的大学校园创办一个二手车市场，二手车主要是从每届毕业生那里低价收购，主要客户是每年的新生，高价卖给他们，从中赚取差价以实现赢利。在把握市场之后，再扩大市场范围，由本校扩大到其他高校，进而建立一个大学城二手车市场。

我们先用画布工具填充他的商业模式，看看还存在什么考虑不周全或者需要改进的地方。如下表。

修改前的二手车商业模式

KP 重要合作	KA 关键业务 / KR 核心资源	VP 价值服务	CR 客户关系 / CH 渠道通路	CS 客户群体
·毕业生或想转卖自行车的人	KA 关键业务 ·低买高卖自行车 KR 核心资源 ·二手车来源和出售自行车的市场	·满足想购买自行车的学生的需求	CR 客户关系 ·提供有质量保证的二手自行车 ·自行车免费充气 CH 渠道通路 ·校内宣传 ·人员销售	·毕业生 ·新生
C＄成本结构 ·收购自行车的成本和维修费		R＄收入来源 ·高价倒卖自行车		

很多创业指导老师觉得这个创意不错，但是还有考虑不周的地方。例如，如果只是毕业季低价收购自行车，新生报到时高价出售自行车，这期间赢利的可能性比较大，但是除去这买卖的高峰期外，平日里几乎是没有市场的，达不到持续赢利的目的。

创业导师的建议是：由二手车买卖市场转型为二手车出租市场，以租车为主，也提供卖车服务。二手车仍然是从毕业生那里低价收购，租车对象的范围则较之前扩大了很多，并且买卖的交易时间也不拘泥于新生开学和毕业季。另外的好处是可以收取押金和租金，根据租车时间的长短而设置不同价位的租金，这样学生的可选择范围也会更广，从而变得更加具有吸引力。

此外，还可以拓展另外一条渠道来增加收入，即做自行车车体广告。二手车回收后，很多需要翻新或维修，例如重新油漆，如果能和一些商家建立合作关系，让商家支付一定的广告费，便可以帮商家在自行车上放上车体广告。另外，租车交易的频率远大于买卖二手车的频率，随着交易频率增大，广告传播力也会随之增大，对广告供应商也是比较有吸引力的。

那么改进后的商业模式画布是怎样的？吸引力和赢利性是否增强了？如下表，经前后对比，二手车商业模式的可行性与赢利性一目了然了。

修改后的二手车商业模式

<table>
<tr><td colspan="2" rowspan="2">KP 重要合作
·毕业生或想转卖自行车的人
·和广告商建立良好的合作关系</td><td colspan="2">KA 关键业务
·低价买自行车，频繁租车和卖车</td><td colspan="2" rowspan="2">VP 价值服务
·满足想购买自行车的学生的需求
·提供灵活租车服务
·帮广告商宣传</td><td colspan="2">CR 客户关系
·提供有质量保证的二手自行车
·自行车免费充气
·为广告商做足够的宣传推广</td><td colspan="2" rowspan="2">CS 客户群体
·毕业生
·新生
·其他不想购买但有用车需求的学生
·广告供应商</td></tr>
<tr><td colspan="2">KR 核心资源
·二手车来源和更大范围的租车市场</td><td colspan="2">CH 渠道通路
·校内宣传
·人员销售</td></tr>
<tr><td colspan="5">C $ 成本结构
·收购自行车的成本和维修费</td><td colspan="5">R $ 收入来源
·高价倒卖自行车·广告费收入</td></tr>
</table>

“丽华快餐”以快制胜

用一个字来形容如今的都市生活，就是“快”！快节奏的生活、工作方式也给快餐带来了商机、挑战和竞争。中式快餐和西式快餐的竞争变得日益激烈，谁能在快餐行业中用独特的商业模式取胜呢？如果你身处繁华的都市上海，中午11:30要求订快餐500份，并且指定12点能准时送到，能满足你要求的是哪家快餐店呢？是丽华快餐。

丽华快餐可谓中国餐饮界的传奇。这是在全国十几个城市经营却看不到一块招牌、一个销售点的企业，不像真功夫、肯德基、麦当劳之类的快餐店，它属于“无店铺经营”的模式，仅靠2000元起家，如今每天却能卖出15万份盒饭，成为内地目前最大的中式快餐企业，也是唯一能实现跨区域经营的外送快餐品牌。

丽华快餐是靠什么商业模式来成就自己的呢？结合画布分析工具，我们来分析丽华快餐商业模式在哪些方面获得了成功。

（1）丽华快餐为客户提供的最明显的价值服务就是：快。其价值主张即“快”字当先，速度第一，理念超前；以顾客为中心，注重快餐行业的快速和准时性；不断创新，永远走在市场的最前面。丽华快餐是第一个承诺在一定区域30分钟内送达的快餐店。

（2）丽华快餐是通过什么途径实现无店铺经营的呢？其经营模式是“专做外卖，不做堂吃”，在全市范围内通过承包闲置食堂建设生产工厂，通过互联网和电话订餐，然后由各个配送点将快餐分别送出。

（3）丽华快餐的核心资源是其强大的物流体系，每进驻一个大城市，它都会首先建立生产中心和物流体系，形成“固定加流动的仓储中心”。为了实现“快”，创业之初由最早使用BP机、对讲机、手机等通信工具，到后来又使用网络订餐和 GPS 定位，使其物流体系的效率大大提高。

（4）丽华快餐的核心业务即提供标准化的中式快餐，包括连锁标准化、产品标准化、服务标准化以及管理标准化，不提供个性化服务。正是因为细分了它的关键业务，才使其专注于“快”，从而获得成功。

将丽华快餐的成功之处填充到画布中，可以比较直观地了解到丽华快餐的商业模式是如何运作的，如下表。

丽华快餐商业模式

<table>
<tr><td rowspan="2">KP 重要合作
·闲置食堂</td><td>KA 关键业务
·快速提供标准化的中式快餐</td><td rowspan="2">VP 价值服务
·提供非常快的外卖服务</td><td>CR 客户关系
·互联网和电话与客户互动</td><td rowspan="2">CS 客户群体
·服务区域内需要中式快餐的消费者</td></tr>
<tr><td>KR 核心资源
·强大的物流体系
·无店铺经营</td><td>CH 渠道通路
·互联网和电话订餐
·配送点送达</td></tr>
<tr><td colspan="3">C $ 成本结构
·原材料、场地、人工费用</td><td colspan="2">R $ 收入来源
·销售中式快餐的收入</td></tr>
</table>

美味佳肴的“造假”模式

在武汉这个“好吃佬”扎堆的地方，遍地都是美食家，口味和选材稍有缺陷，立即就能被尝出来，所以做餐饮行业千万不能造假。但是刘隽做出来的“佳肴”，看上去让人垂涎欲滴，却是地道的“假货”。靠着这些能看不能吃的“美味佳肴”，刘隽一年也能赢利 20 万元。在 2007 年年初，面临创业转型的刘隽在网上选定了新的项目：餐饮菜肴模型。刘隽说，武汉是一个餐饮行业胜地，大小餐馆遍地开花，这个项目市场巨大。

当时，武汉没有生产菜肴模型的大型厂家，刘隽找到深圳，要求对方转让生产工艺。深圳厂家开出28万元的天价，经过几次讨价还价，最终确定以18万元成交。18万元仅仅购买了工艺技术的“使用权”，产权仍在深圳企业手中，而且每次购进原料，都必须从深圳厂家购买，每公斤的成本高达100多元。

不过刘隽还是觉得值得，因为刘隽在市场考察中发现多数餐饮店只能为顾客提供菜肴的图片，而无法提供样品。在上海、北京也有生产菜肴模型的厂家，不过为数不多，武汉、河南、湖南、江西、安徽、南京等地都缺少这种生产企业，刘隽相信这种产品一定有市场。

在考察中他以顾客的身份故意“刁难”餐饮老板，以不了解菜肴的用料、工艺为由，要求对方提供样品，但多数餐饮店最多只能提供图片，无法提供样品。这时刘隽再抛出自己的“底牌”：如果我能为你们提供模型，多少钱的成本能接受？用这种方法，他不仅考察了市场，还“预定”了相当数量的客户。2007年10月，他再次投资30多万元，引进生产设备和人员，开始正式在武汉批量生产菜肴模型。

11月17日，刘隽刚刚“搞掂”一个大客户，该客户从他这里订购了1 000套、货值30万元的餐饮菜肴模型。与刘隽同时参加竞争的，还有来自北京与上海的两家模型企业，两家企业的规模实力均在刘隽之上。

面对强手，刘隽最终胜出的关键是产品质量和低价位。“别以为我是拼命砍价，故意搞恶性竞争，其实我还是有相当可观的利润空间。上海厂家的模型是空心的，使用的材料比我少，但是成本绝对比我高。”刘隽神秘地说，能做到高品质、低成本，秘诀就在于他“破解”了原料的配方。

花18万元购买生产技术时，深圳厂家并没有透露原料配方，而是以每公斤100多元的价格出售给他。刘隽根据生产设备说明书，到化工品市场挨家挨户“取经”。用这种方法，他终于找到一种 PV 高分子聚合塑料，非常适合做菜肴模型。而这种材料的价格，不到原来的 1/2。以这种低成本价格参与市场竞争，刘隽很快赢得了不少客户，如绿茵阁、新加坡美食、巴西烧烤等，还有很多快餐店和食堂都在使用他的菜肴模型。

“小心，别让衣服蹭了油……”在一次沌口区创业办举办的“小成本创业项目展示会”上，刘隽对几名参观者开起了小玩笑，烤肉模型上油腻腻的光泽惟妙惟肖，还真“忽悠”了不少人。

刘隽找到了商机之后，是如何设计商业模式的呢？

（1）刘隽首先向深圳生产菜肴模型的大型厂家购买“工艺”的使用权，并设法找到能够替代原有原材料的低成本替代材料。

（2）考察市场时以顾客的身份故意“刁难”餐饮老板，以不了解菜肴的用料、工艺为由，要求对方提供样品，但多数餐饮店最多只能提供图片，无法提供样品。这时刘隽再亮出自己的“底牌”：如果我能为你们提供模型，多少钱的成本能接受？由此“预定”了相当数量的客户。

（3）刘隽生产菜肴模型制胜的关键是产品的质量和低价位。较低成本的原材料实现了价格优势。

按照画布分析工具，“美味佳肴”商业模式的具体运作如下表。

“美味佳肴”的商业模式

<table>
<tr><td rowspan="2">KP 重要合作
·向深圳工艺厂家购买技术使用权</td><td>KA 关键业务
·制造菜肴模型
·向餐饮店销售模型</td><td rowspan="2">VP 价值服务
·提供高质量和低价位的菜肴模型</td><td>CR 客户关系
·市场考察建立客户关系</td><td rowspan="2">CS 客户群体
·只能提供图片，无法提供样品的餐饮店</td></tr>
<tr><td>KR 核心资源
·找到较低成本的原材料替代品</td><td>CH 渠道通路
·市场考察
·人员销售</td></tr>
<tr><td colspan="2">C $ 成本结构
·购买技术费用、材料、人工费用等</td><td colspan="3">R $ 收入来源
·销售菜肴模型的收入</td></tr>
</table>

微创业成功的关键是找到好的商业模式，把最初的商业创意付诸实践行动，并且在行动过程中不断地完善当初的商业创意。

之所以能如此清晰明了地发现创业者的创意所需改进之处，并且可以随时拿着笔圈出疑问，写下新的想法，或者一群人在进行头脑风暴时，可以随时把自己的想法写在便签纸上再贴上去，这一切均归功于商业模式画布分析法的优势。简简单单的画布为我们在分析商业模式方面提供如此大的帮助，希望读者和想创业的朋友们好好掌握这种分析工具，它会为你带来意想不到的收获。

4

第四章

微创业计划书

开篇案例

美国 LiveHealther. com 网站的创始人玛丽·莫斯兰德（Mary Moselland）这样描述自己曾利用创业计划书获得创业资助的经历：“我出席了一次由地方商会组织的女性创业大会。在那里，我得知了马里兰州技术开发中心，这是一家专门为生物技术和 IT 产业服务的‘孵化器’。我撰写了一份包含融资方案在内的创业计划书，并把它递交给由 15 人组成的委员会。他们正在寻找有希望的新创企业，最终能够在马里兰州雇用员工，成为纳税的企业公民。我被接受了，并于 2005 年 5 月 9 日落户马里兰州技术开发中心孵化区内。我每月为 200 平方英尺的办事处支付 495 美元，如此低的价格在市场上是无法想象的。并且，我获得了处理事务过程中的必要资源，如集中化的接待员、会议室、产品和邮件空间，同时，借助马里兰州产权法律资源中心，我还获得了关于知识产权事务的法律服务。”

同样的，College Capital 的首席执行官帕特丽夏·亚当斯（Patricia Adams）第一次寻求外部融资时，她准备了一份只有 15 页的商业计划书，因为投资者正在寻找“一种简短、能快速阅读的解释，解释组织是什么样的，解释你想要多少钱”。

第一节　微创业需要计划书吗

创业不容忽视的环节

微创业要不要写计划书呢？现在问这个问题，就如同中国古代各诸侯国在进行战争之前，诸侯王要不要考虑怎样打这场仗一样的道理，怎样打，赢的胜算才会大？例如要谋划整个战争需要注意的地方，要先进攻哪里、防守哪里，等等。也如同问春节联欢晚会的总导演："今年的春晚我们要不要做个策划？"也许创业者会认为这些太宏观，离现实太远，所以很不以为然。但是其中反映的问题是一样的：在战争之前、做节目或活动之前究竟有没有必要进行计划。结果很显然，兵法有云："夫未战而庙算胜者，得算多也；未战而庙算不胜者，得算少也；多算胜，少算不胜，而况于无算乎？"简言之就是不打无准备之仗。同样的，要创业，就是要上商业战场，没有准备的仗你敢打吗？没有预计成功率之前，你敢掏钱吗？敢行动吗？

也许现在存在各种对创业计划书的批判。某些人认为，形式上的创业计划，会使创业者局限在特定的时间内达到特定的目的。如果在创业期间环境突然发生变化，僵化的创业计划书将会使创业者陷入困境。也有人认为，创业计划书容易使创业者将关注的焦点放在如何抓住现有的商业机会上，而不可能允许创业者考虑重新发明或创造一种新的模式。

另外，一项学术研究发现，完成创业计划书的潜在创业者创建新企业的可能性，比那些没有写创业计划书的个人高出 6 倍。事实上，有很多富有激情的创业者因为没有创业计划书，考虑不周，导致创业失败，未能创建自己的企业。

一边是质疑，一边是进入商战所需，那么微创业到底要不要写计划书呢?

带着这些质疑，请你以投资者的身份试想一下：小李和小张两个人都有很好的创业构想，你很看好他们，但是基于对风险的考虑，你需要进一步了解他们各自的创业规划，于是你跟两人要各自的创业计划书。小李跟你说没有准备计划书，不过可以跟你细致讨论一下；小张则说半小时后送到你的办公室外加 10 张 PPT。你会选择谁的创业项目？答案已经很明确了。

如果创业者觉得可以自己去银行贷款，不用找投资者，所以计划书也就变得没那么重要了，那再看一个身边的真实案例。

张震一直想办一个企业，销售免洗青菜的生意，因为他周围有很多白领每天都是时间紧迫，做饭的时间很紧，所以他决定销售免洗的青菜，帮助忙碌的白领节省时间。家人非常支持他创办企业，让张震用自家的房子向银行担保贷款。张震拿到贷款后立即创办企业，并购置了大量的现代化设备，他告诉家人，良好的企业设备和完善的服务可以提高企业的形象。张震立即投入到繁忙的工作之中。免洗青菜的需求量非常大，他夜以继日地工作，客户越来越多，客户的需求量不断加大，张震明显感觉到流动资金不足，最担心的是银行贷款期已到。如果无法偿还银行债务，银行将立即终止贷款，并要求他还款，张震将不得不宣布企业破产，银行就会立即拍卖张震的企业设备和房屋，张震和家人将面临着无家可归的风险。你有没有想过张震的企业为什么会破产？他应当怎么做才是正确的?

张震在开业之前没有对启动资金做出正确的预算，如何筹资、如何投入、公司以怎样的速度发展等这些他都没有认真想过。结果开业后现金流出现负值，无法支付到期的债务，导致企业破产倒闭。显然，没有制作计划书，没有做好资金预算，使一个很有前途的企业夭折了。

创业金牌帮手

抛开“创业计划书从打印机输出的那一刻起就过时了”的思想，撰写创业计划书对于面临资本束缚的创业者来讲，是其获得创业资金和其他资源的重要工具。

创业计划书是由创业者准备的一份关于创业的书面计划，用来描述创办一个新的风险企业时所涉及的外部和内部的主要要素，是概括商业机遇，并指出如何抓住和利用这些机遇的一种书面文件，既包含整个项目的商业模式类型，也包含对商业前景的展望和人员、资金、物质等各种资源的整体规划，以及经营思想、发展战略、可能风险评估等，通过各种职能计划的集成来验证项目的可行性。

1. 创业者不可或缺的理性指导

创业计划书是创业全过程的纲领性文件，在形成和书写创业计划书的过程中，中肯地分析企业是什么样的，它要朝着什么方向努力，形成创业的战略设计和现实指导，让创业者清楚自己创业的方向与主要内容，坚定创业的发展目标。其中对现金流及现金的评估、对风险的评估等都会成为企业发展的信息库，成为运作企业的蓝图和路标。创业计划书不仅是为企业创建阶段做的，而且更能作为一个灵活的文件，贯穿企业的整个生命过程，指导创业者做出决策。

此外，创业计划书涉及企业的诸多方面，难免有不妥或遗漏之处，作为企业“自我推销”的文件，在供外部读者评估审阅时，也有机会得到他人的指导，使创业计划书更加切实可行。

2. 创业者吸引合作人才的“得力助手”

很多时候，创业不是仅由一位创业者来完成的，最初拥有创业构想的创业者需要招募到志同道合、同甘共苦的合作伙伴或是共同创业者，而吸引其他人才加入的最佳途径就是向他人描述和展示创业计划书，让他们了解创业者的详细构想，判断这个创业项目是否可行，企业未来发展怎样，等等。可行性高、富有吸引力的创业计划书总能获得创业人才的青睐。

3. 创业者系统整合创业资源的过程

当创业者决定把一个商机转变成一份完整的创业计划时，就必须思考、推理并付诸行动。在初期，创业者除了掌握已有的各种资源和信息外，还需要搜集很多其他的重要信息或者获取重要的资源。无论是已有的，还是后期获得的，各种资源和信息都是分散的、凌乱的。而编写创业计划书的过程，可以迫使创业者系统地思考企业的各个因素，是规划资源、整合信息、梳理思路、衔接程序的过程，最终根据战略规划把各种可以利用的资源有序整合、调动起来，进行最佳要素的组合。

有些创意听起来可能很棒，很有吸引力，但是当创业者把所有的细节和数据写下来的时候，就会发现创业项目与创业者的个人目标和期望并不一致。如果此时做出放弃创办该企业的决定，应被看作是一种“成功”，正如瑞士军事理论家菲米尼所说：“一次良好的撤退，应和一次伟大的胜利一样受到奖赏。”创业者如果发现一条创业路暂时行不通，应立马回头，及时调整方向，通过另一条创意之路走向成功。所以撰写出一份出色的创业计划书，让原本初始的创意冲动转变成较可行的步骤规划，并将资源和信息的各个部分组成一个完整的系统，才能成功地进行创业。

4. 创业者筹集资金的必要文件

资金是企业不可或缺的要素，是企业能够获得快速发展的前提。潜在的贷款者或投资者，在决定是否向一个企业投资之前，都会要求一定类型的财务分析和预测，依据创业计划书来判断创业项目是否可行、是否会赢利、是否有发展前途，等等。撰写一份出色的创业计划书，进行有效宣传推广，使阅读者如风险投资商、银行、政府部门以及对创业感兴趣的单位等外部相关机构和单位相信该企业是应该得到支持的、是值得肯定的，从而帮助创业者获得风险投资、贷款或者政策支持。

第二节　微创业计划书内容

封面和目录

封面应该包括公司名称、地址、联系信息、日期以及核心创业者的联系方式、网站等内容，联系信息应该包括固定电话号码、移动电话号码和电子邮件地址等。考虑到封面和创业计划书可能会分离，所以最好在这两处都留下联系信息。在封面的低端可以放置警示阅读者保密等事项信息。如果企业已经有独特的商标，应该把它放在靠近封面中心的位置。

目录紧接着封面，按照创业计划书主体和附录部分的内容列出一系列的提要及对应页码。

执行摘要

创业计划书的阅读者希望自己首先能够看到一份简短的、能快速阅读的文件。因此，创业计划书要在执行摘要部分用简短的语言将阅读者感兴趣的信息呈现出来，在主体部分提供有关创业计划书的详细信息，为阅读者进一步了解创业项目提供方便，并使阅读者感到创业者已对企业的各方面做了细致的思考，投入了必要的时间和精力。创业计划书是投资者做出反应的依据，在对基本概况不了解的情况下，投资者在愿意投入更多时间和精力之前，更倾向于浏览创业计划书的执行摘要来评价创业的可行性。

如同彼得·圣吉（Peter M. Senge）的说法，一个点子式的创意与一个有意义的发明的价值比是1∶100，而一个有意义的发明与一个真正具有市场可行性的创新之间的价值比也是1∶100，即一个创意只相当于一个创新的价值的万分之一。所以，对于阅读者来说，尤其是风险投资者，极好的创意是创业的前提，但是更需要有可行的商业模式来保证创新的实现。在本书“执行摘要”部分，在整合已经成熟的创业计划书要素的基础上，引入了创业项目商业模式的介绍。创业者所设计的商业模式，能够表达创业者的商业逻辑，包括如何进行需求的搜集、如何进行赢利的运作、如何实现企业的成长，将企业的活动分为若干个部分，各自完成不同的功能，相互之间形成密切的联系和自然循环。由于商业模式都是特定时空和情景下的模式，所以不同的创业项目会有不同的侧重点。

执行摘要是在对创业计划书总览的基础上，对整个创业项目相互联系的部分进行整合凝练，它提取于计划书，同时又是对计划书的逻辑整合，是整个计划书的筋络，要在计划书的主体部分完成后再撰写。本书的“执行摘要”与一般教科书上的执行摘要有所区别，本书借助商业模式画布分析工具，对计划书主体部分进行高度提炼，按照商业模式的逻辑，简短而清晰地将阅读者最为关注的信息表述出来，确保阅读者读完后能够明白创业者想要做一件什么事、如何做、是否值得做。

1. 什么产品/服务，什么价值主张

赛门铁克由卖杀毒软件产品转为卖信息安全；远大由卖中央空调变成卖“冷和热”；ABB 由卖发电机变成卖发电能力；阿里巴巴给做生意的人提供方便，使做生意简单化……它们真正了解顾客背后的需要，提出了明确的价值主张。要知道，客户真正需求的不是一件产品/服务，而是产品/服务背后能够实现的功能。

本部分撰写的重点是使阅读者了解企业的产品/服务能够满足顾客的真实需求，能够帮助顾客，为顾客创造真正的价值。因此，在描述产品/服务以及体现公司的价值主张时，解释顾客会选择本公司产品/服务而非其他公司的原因。那么对于创业者，应该怎样在创业计划书中描述产品/服务，怎样表达自己的价值主张呢？下面借助某空气清新剂和大学生旅游服务网站的创业计划书来帮助创业者理解本部分内容。

（1）描述产品/服务的语言是否通俗易懂？

在创业计划书中，你认为创业者将产品介绍为“抗菌肽空气清新剂”比较好，还是介绍为“一种具有高效杀菌效果的空气清新剂”比较好？哪种更容易理解？想必你也会认为后者的表达效果更好。

（2）描述产品/服务的语言是否准确？

如果产品/服务是“抗菌肽空气清新剂技术”，那就是一种完全不同的产品/服务。“抗菌肽空气清新剂”或“一种具有高效杀菌效果的空气清新剂”卖的是一种日用产品，而“抗菌肽空气清新剂技术”卖的是一种技术，两者在商业模式、资源、运作等方面的侧重点完全不同。

（3）描述产品/服务是否过分强调技术?

如果产品/服务是偏技术型的，那么就要转换成通俗易懂的语言，并且不要以太长的篇幅去写产品技术与研发方面的信息。产品/服务技术与研发并不是阅读者最为关注的，有时甚至都不懂，你只需要用最简单的语言来表达。“本清新剂以抗菌肽为核心配方，以传统的空气清新剂为蓝本，创造出一种新型日用产品，其中抗菌肽是一种高效、广谱、无残留、无耐药性、低副作用的杀菌药剂。”这样就刚刚好，读者知道新型日用产品的核心配方是抗菌肽，并且拥有其他产品都有的空气清新剂配方。至于抗菌肽的具体合成技术就不需要再赘述了。

（4）什么价值主张?

用最直白的语言表述价值主张。有些价值主张可能是创新的，提供一种全新的产品/服务，而另一些可能与现存市场产品/服务类似，只是增加了功能和特性。“这种具有高效杀菌效果的空气清新剂帮助消费者除菌、净化空气，提供的是一种健康。”很简单、很直白，就是给消费者提供健康。上述产品同其他空气清新剂一样，使空气更加清新，增加的功能和特性就是通过杀菌使空气更加健康。

为加强理解，再看某大学生旅游服务网站创业计划书在价值主张方面的体现。“针对大学生旅游者对‘青年旅馆’式服务的需求，ABC网站通过网络形式，结合国内各地高校旅行社的建立情况，通过合作、兼并和聘用兼职等形式，在网上开展大学生领域的异地接应、当地导游和结伴同行等服务项目，以建立以高校为主要场所的流动性青年旅馆服务体系。本网站的订票、酒店、旅游线路以及支付等系统为大学生旅游者提供整套服务，从高校到高校，既在食住行方面得到相对可靠的保证，又以较实惠的价钱享受旅程，使大学生旅游更加实惠、可靠与方便。”

基于上述案例，阅读者获得以下信息就足够了。

产品/服务：借助网站订票、酒店、旅游线路以及支付等系统为大学生旅游者提供异地接应、当地导游和结伴同行等服务项目。

价值主张：为大学生旅游提供一种方便、一种实惠、一种可靠，使大学生踏踏实实地旅游。

2. 目标顾客是谁

公司能为哪些顾客提供帮助？需要对企业的目标市场进行深入分析和理解。可获益的顾客是企业可以长期生存的基础，公司可以定义一个或多个或大或小的客户细分群体。决定应该服务哪些客户细分群体，应该忽略哪些客户细分群体。基于对经济、地理、职业以及心理等因素的分析，找出细分的依据，其中产品/服务类型、接触的分销渠道、关系类型、收益性等都可能成为细分客户的依据。下面借助某健身房的创业计划书来帮助创业者理解本部分的内容。

（1）具体的目标顾客是谁？

“目前，高校学生以80后和90后出生的人群为主，我们针对本区域内众多高校的学生开设此健身房。”计划书中目标顾客很具体，就是本区域内有鲜明80后和90后特点的大学生。

（2）为什么选择这些顾客？

“他们的特点是思想开放、敢于尝试新事物，高校内的传统健身项目并不能满足他们的基本要求。目前本区域内高校众多，大学生平均月消费是750元左右，但是办理一张××（竞争者）健身年卡需要3 000元左右。对于一名普通的在校大学生，不能承受如此高额的健身消费。”之所以会选择这些顾客，其一是因为顾客本身的特点，其二是因为市场中竞争者的现状。

（3）目标顾客群可否通过相同的销售渠道接触？

“网络、校内外商店、学生组织（如协会、社团等）等是本区域内在校大学生沟通交流的主要平台，可以借助这些共同的平台与目标顾客接触。”创业者可以借助这些大学生经常参与的平台与目标顾客沟通交流、开拓市场，所以这些目标顾客是能够通过相同的渠道接触的，创业者选择这些顾客是有条件基础的。

（4）是否具有可收益性？

“以相对于竞争者较优惠且大学生又能支付得起的价格补缺大学生健身市场。”既有价格优势，同时大学生又能够支付得起，所以健身房的大学生市场还是具有赢利性的。

如果创业者能够很准确地回答上述四个问题，那么顾客选择就描述清楚了。

3. 渠道通路如何传递

如何将产品传递到顾客手中，构建公司的渠道通路，使阅读者了解公司怎样与目标顾客接触沟通，怎样传递产品/服务以及价值主张，怎样开拓市场。沟通、分销和销售这些渠道是公司与顾客接触的界面，是影响顾客消费体验的重要因素。通过渠道通路可以提升公司产品/服务在客户中的认知，协助客户购买特定的产品/服务，向客户传递价值主张，并且提供售后客户支持。我们还是以具有杀菌效果的空气清新剂为例，帮助创业者了解怎样完成传递功能。

（1）哪些接触途径？

“针对家庭等私人场所对空气清新剂的需求，产品将会在各大超市、网站进行销售。针对酒店、医院等企业组织的需求，则会以客户代表的形式直接与企业采购人员沟通、交流。”创业者根据不同类型的消费者选择了不同的途径。

（2）渠道怎样使消费者了解产品/服务？

“其一，针对个体消费者，公司将制作卡通宣传短片，通过电视广告，公交、地铁、火车等站台媒体广告，展示抗菌肽（清新剂的杀菌成分）卡通形象杀灭细菌的过程，传递绿色环保、高效杀菌的健康理念。

其二，针对组织（企业）消费者，公司客户代表以绿色环保、高效杀菌为主线，向组织（企业）消费者（即企业采购人员）讲解无毒无害、绿色环保、高效杀菌的空气清新剂适应环保主流、满足消费者追求健康的需求。”

根据不同的接触途径，创业者可选择不同的沟通方式。

（3）怎样借助渠道开拓市场？

“在超市销售点安排现场讲解人员定期讲解本公司产品，赠送试用品，宣传健康理念。公司客户代表则通过优惠措施获得企业消费者引荐，与其他公司进行交易。”公司价值主张宣传到位，配以促销措施，开拓市场。

（4）如何反馈？

“公司将会建立本公司的论坛，鼓励消费者、分销商等及时进行反馈，为消费者解惑答疑，了解市场需求。”创业者通过建立企业论坛，保证售后，使整个渠道变成一条密切联系、循环的通路，有价值的传递，也有反馈，保证企业的适应性。

当然，不一样的公司关注的渠道不同，其表现也会不同，但是上面这四个问题是构建渠道通路时必须要考虑的。

4. 如何维护客户关系

公司与特定顾客细分群体的关系如何维护？不同类型的顾客与公司的关系会不同，有些顾客也许只会购买一次公司的产品/服务，而有些顾客可能会经常购买，甚至会带动周围的朋友也购买公司的产品/服务。那么公司如何吸引这些新顾客？如何维系那些老顾客？怎样利用这些关系来增加销售额？简言之就是：怎样通过维护关系来保证销售额？本部分以大学生健身房创业计划书为例，帮助创业者了解如何维护公司与顾客的关系。

(1) 如何维系老顾客?

"其一，不断进行项目创新。开设不同人群共同健身的锻炼新模式，通过桌游等游戏缓解等待健身的压力，适当开设男女混合锻炼项目、增设户外活动。

其二，保持联系。现场反馈：每个星期锻炼结束后，回馈锻炼效果、提供锻炼意见。网络反馈：建立健身博客或健身论坛，及时进行信息更新，让广大顾客了解最新动向，及时反馈意见。"

(2) 如何依靠老顾客吸引新顾客?

"公司除了推出一系列具有吸引力的健身项目外，还采用时间卡制优惠方式，鼓励老顾客介绍更多新顾客，换取会员卡。"很容易理解，对于这种健身房的健身服务，大学生在选择时，更多的是听取同学的意见。

简短介绍维护客户关系的方式，有吸引新顾客的方法、有维护老顾客的方法，为增加销售额提供了保障。

5. 核心资源是什么

向阅读者描述公司最重要的核心资源是什么，这是企业能够创造和提供产品/服务以及价值主张、保证顺畅传递、维护良好关系并赚取收入的重要基础。不同的公司，其所需要的核心资源会有所不同。有些公司所需要的核心资源可能会是物质实体，如开一家自助厨房的店面，那么公司就需要向顾客提供场地和厨房设施。有些公司的核心资源则是拥有知识、技术的人力资源，如中医养生馆，其核心资源就是经过正规中医专业培训的专业人员。此外，金融资产也可能会成为公司的核心资源。无论是什么样的公司，在撰写计划书时均需要表述公司最为核心的资源。本部分以某校园学生服务网站的创业计划书为例，帮助创业者了解怎样撰写核心资源部分。

（1）核心资源是什么？

“核心资源是由具有相关知识和技术的优秀人才组成的工作团队。”很明确，建立服务网站的核心资源就是拥有知识和技术的人力资源。

（2）核心资源能完成什么任务？或：核心资源能发挥什么作用？

“其一，技术开发。负责网站各种应用技术的开发工作。如研发可自动搜索网络上各种信息的系统、音乐点播、视频点播系统和在线拍卖等系统。

其二，网页设计。实现界面友好，把更多的用户吸引到网站来，突出网站自身的特色。

其三，策划推广。组建强大的策划推广小组，对网站的品牌与各种服务进行推广。

其四，对外公关。跟其他各种力量合作共同发展业务，为网站争取各种有利资源。”

核心资源是企业能够持续经营的实力保证，是公司执行商业模式所需的能力。简要介绍，使阅读者清楚企业的优势核心资源是什么，这些核心资源如何发挥作用。只有这样，阅读者才能够判断公司的核心资源是否稳定，以及公司是否能够持续经营。

6. 关键业务是什么

公司要做哪些重要的事情？很多公司都需要多种关键业务活动，这是企业能够创造和提供产品/服务以及价值主张、保证顺畅传递、维护良好关系并赚取收入的重要保证。不同的公司其关键业务会不同。如，大学生旅游服务网站通过网络系统开展异地接应、当地导游和结伴同行等服务项目；宠物店的关键业务则是提供宠物食品、用品、美容和医疗等业务。关键的业务体现出公司具体怎样运作，使阅读者明白公司通过哪些活动保证公司的运营。本部分同样以校园学生服务网站的创业计划书为例。

（1）什么关键业务？

“其一，网站服务。网站针对有不同需求的客户群体，利用计算机技术与信息，借助不同的栏目实现‘快、全、新’的特色服务。如，网站为学生提供新闻中心、在线点播、语音聊天、网络游戏、在线英语、拍卖市场和电脑咨询的服务业务。

其二，团队运作管理。包括技术开发、平台运作、服务推广、资源整合等管理。”

要保证网站能够正常运行，首先要能给学生提供有吸引力的服务，所以必须要有网站服务业务。其次，整个网站的运行不是只要有了服务就行了，还需要在团队运作方面提供支持。

（2）关键业务解决什么问题？

“其一，提供及时、快速的新闻服务；提供视听服务，如在线听音乐、观看电影等；提供校园内同学之间的语音聊天服务；提供新鲜、有特色的网络游戏服务；提供在线英语学习平台、英语模拟考试系统；利用网络二手市场提供实用、可信的拍卖服务；提供选购电脑的咨询和买卖服务，成为学生身边的电脑顾问。

其二，技术开发能够保证学生服务网站的前瞻性，保持技术的先进性；平台运作则是维护平台的正常运行、信息和资源的及时更新；服务推广则是扩大用户群，让更多的学生应用本网站，并且向其他地区高校推广本网站的服务；资源整合则是整合政府的政策扶持、投资者的资金支持、优秀人才的人力支持。”

第一个问题告诉阅读者，建设学生服务网站需要做哪些关键事情，第二个问题则是告诉阅读者为什么要做这些关键事情，或是这些关键事情能够解决什么问题。通过这两个问题，使阅读者明白学生服务网站的资源和业务活动安排。

7. 哪些重要合作

现在，很多合作关系日益成为公司得以运营、降低风险或获取资源的基石，所以通过描述公司的重要合作伙伴，让阅读者明白公司不是孤立存在的，创业者也不是孤立的。从公司层面来看，公司与哪些非竞争者合作？与哪些竞争者合作？本部分以大学生旅游服务网站的创业计划书为例。

（1）有哪些合作伙伴？

“公司将与资金和技术较雄厚的网站、全国百强的旅游公司以及各大媒体单位建立合作关系。”这只是创业者在创业计划书中的规划，如果创业者明确表述出现在已经达成合作意愿的合作伙伴，则会给创业计划书加分。所以在撰写此处时要注意，合作伙伴越是明确，创业计划书的质量越高。

（2）这些合作伙伴能够提供什么帮助？

“网站提供资金和技术支持；全国百强的旅游公司与本公司双方互相取长补短，共同发展；与各大媒体单位建立合作关系，既能帮助本公司宣传网站，又能为媒体单位提供素材。”

旅游网站要能够顺利运行，需要这些网站以及公司的合作支持。此外，公司如果有外部顾问或专家做指导也要在此处写明，这是企业的智囊团，阅读者也会对此印象更加深刻。

8. 竞争对手是谁

如果在整个创业计划书中都没有提到竞争者，就会引起阅读者的怀疑。不可能存在没有竞争对手的企业，即使不存在直接的竞争对手，也会存在间接的竞争对手。创业者不但要分析存在的竞争对手，而且竞争对手会给本企业带来的风险以及企业将要采取的对策也要分析，使阅读者明白创业者已做了充分准备。本部分仍以大学生旅游服务网站的创业计划书为例。

（1）有哪些竞争对手？

“华夏旅游网、中国旅游资讯网、携程旅游网以及其他旅游网站。”

（2）有什么风险？

“这些竞争对手知名度高，想要获得旅游信息的人一般会首先考虑这些网站，从而影响本公司的客户量。而且这些网站已经和很多与旅游相关联的企业建立合作关系，具有成本优势。”

（3）竞争者有什么劣势？

“其一，竞争对手多将重点放在飞机订票、酒店房间预约等传统旅游业务上，在个人自助游、学生背包游方面只介绍相关的旅游知识和由旅行社提供的路线及景点介绍，有关个人旅游的细节鲜见提及。携程旅游网在个人自助游方面的定位仍带有传统自助游的影子，没有充分顾及大学生旅游阶层。

其二，虽然许多旅游网站号称网络旅游便宜、舒适，但通过网络购票、订房，很难达到旅行团队的人数规模，游客很难享受到旅行社所提到的折扣，现时网络旅游的风光只不过是网站不惜血本的降价卖广告，不是长期生存的办法。”

（4）有什么应对措施？

“在创业中扬长避短是制胜的法宝。本公司专门针对大学生旅游市场，结合国内各地高校旅行社的建立情况，通过合作兼并（已建立相应旅游组织）和聘用兼职（尚未建立相应体系）等形式，将‘青年旅馆’式的配套服务首先在国内有条件的大学区建立，在网上开展大学生领域的异地接应、当地导游和结伴同行等服务项目，以建立以高校为主要场所的流动性青年旅馆服务体系。

网站提供丰富的旅游资料及专门为大学生设置的旅游导向，提供各种旅游帮助，从高校到高校，既可享受异地旅行的乐趣，又在食住行方面得到相对可靠的保证，以较实惠的价钱完成旅程。”

回答完上述四个问题，阅读者就会明白创业者真正做了细致的调查和分析，从而增加创业计划书的可信度。但是要注意，切忌对竞争状况过于乐观。

（5）切忌过于乐观。

前面我们已经讲过，不可能存在没有竞争的企业，即使没有直接的竞争者，也会有间接的竞争者的。我们来看下面这个关于自行车租赁的创业计划书。

“目前在市场上很少看到提供出租自行车服务的组织，有的也是旅游景点设立的小摊或者是自行车修理者提供的附加服务，诸如此类的小摊贩皆不成规模，没有发展愿望，根本不具备竞争力，且又远离校园，市场竞争更无从谈起，所以向大学生出租自行车仍是一个空白市场。”

很显然，创业者非常乐观地给出竞争者的状况，甚至连最基本的分析都没有，这给阅读者的感觉就是创业者的准备不充分。

9. 何时损益平衡

阅读者，尤其是风险投资者在损益平衡点上会比较关注，因为如果一个项目的收入很难弥补花费，那么投资的收益就很难有保障。同样，如果投资者将钱投给了公司，公司将会怎样用这些资金也是投资者极为关注的，所以应该清楚地表述损益平衡点，给风险投资者客观评价的依据。下面以大学生自助厨房的创业计划书为例。

（1）向谁收费？收费的标准是什么？

“向来大学生自助厨房做饭的大学生收费。收取使用灶台的租金——根据顾客的群体规模收取不同的租金。”注意，此创业者在创业计划书的该部分并没有给出明确的收费标准，创业者在撰写该部分时应尽量将具体的收费标准描述清楚。

（2）哪些活动会产生成本或费用？成本或费用是多少？

如设备设施费用、物业管理费用、工作人员工资。

固定成本：2 000～3 500 元/单元。

可变成本：房租、水、电、油、粮 3 000～7 000 元/（单元·年）；

煤气 600 元/（单元·月）；

雇佣人员 1 000 元/（单元·月）。

（3）什么时候达到损益平衡？

“总收益 2 000～6 000 元/（单元·月）不等。因为不稳定性，不好估计利润的标准值。一年的成本应在 2 万～2.5 万元/单元之间，估计有半年的时间收回成本。”

简单清晰，直接明了，通过上述的陈述，阅读者能够大概知道这个创业项目的损益平衡点。但是由于数据并不很详细，损益平衡点是否可信有待考察。所以创业者在完成该部分时，应该尽可能详细地给出重要数据，增加可信度。

如果创业者觉得上述案例太过于简单，自己要创办的公司要大得多，那么看看下面这个网站创业团队在第一年的预计损益表。

网站创业团队第一年预计损益表

<table>
<tr><th>成本</th><th>金额（万元）</th><th>收入</th><th>金额（万元）</th></tr>
<tr><td>设备：
2 台服务器、64K 专线、10 台 PC 机、软件、租用办公地点</td><td>52</td><td>服务：
在线拍卖、PcChoice</td><td>7.56</td></tr>
<tr><td rowspan="5">行政：
人员工资、宣传费用、参考资料</td><td rowspan="5">27</td><td>旅游合作</td><td>2.1</td></tr>
<tr><td>广告位</td><td>1</td></tr>
<tr><td>招聘中介</td><td>2.1</td></tr>
<tr><td>网页制作</td><td>3</td></tr>
<tr><td>技术转让：销售、租赁</td><td>6.08</td></tr>
<tr><td>总计</td><td>79</td><td>总计</td><td>21.84</td></tr>
</table>

创业团队简要列出了投入与产出，但是具体的盈亏平衡点没有详细表述。如果你是投资者，你会怎么看这张表？

主体部分

主体部分呈现创业中涉及的要考虑和要调查的具体信息，是执行摘要得以存在的基础，是一份有充分依据、有市场反馈、饱满、可行的分析报告。本部分千万不要过于繁杂，条理清晰、强而有力即可。此外，由于不同类型的创业项目的侧重点会不同，所以可以根据创业项目所需适当地调整计划书的内容。

1. 企业描述

企业描述是向创业计划书的审阅者展示创业者如何将创意变成一家企业。企业描述通常包括 6 个部分：

企业历史：对于创业企业，需要解释企业创意从何而来以及企业创建的驱动力量或原因。

使命陈述：企业专注于什么，企业渴望成为什么。

产品/服务：这部分应包括对产品/服务独特性的描述，产品/服务能否以及在多大程度上解决现实生活中的问题，并解释如何在市场中定位，如何抓住市场需求，提供一个怎样的解决方案。

现状：说明在初创阶段，公司如何利用所有要素构建一家企业，企业进展到何种程度。其中注册企业名称、完成可行性分析等都是新创企业显著的或重大的事件，因此有必要说明。

法律状况和所有权：说明企业当前的所有权形式是否已经确定，企业所有权如何分配，谁拥有企业。

合作关系：说明企业是否拥有某些合作伙伴关系，合作伙伴在合作中担任什么角色。

2. 行业分析

在企业进入某一行业之前，首先要考察行业的规模、增长率、销售预测和财务特征等。充分理解所在行业是新兴的朝阳行业还是成熟行业，行业内的新兴领域是什么，行业存在哪些缺陷等行业现状和背景。主要包括对行业结构和行业趋势的分析。

行业结构是指行业内企业的集中或分散程度。一般较分散的行业比只有少数大企业主导的行业更适合新企业生存和发展。在该部分需要描述行业参与者的情况，行业内其他企业应对环境变化的敏感度等。

行业趋势主要包括环境趋势和业务趋势，一般是创业企业创意的基础，因此是行业分析中最重要的部分。最重要的环境趋势是经济趋势、社会趋势、技术进步及政治与法规变革等宏观环境的趋势。业务趋势是基于对行业发展现状的分析，预测所处行业未来发展的趋势，如行业整体利润的增减、投入成本的升降等方面。创业者不必刻意强调所处行业是属于新兴朝阳行业，也不必担心所处行业是衰退行业，因为在朝阳行业也有失败者，在衰退行业也有成功者，所以应如实地分析行业，使得阅读者能够客观地判断。

通过行业分析，尝试回答以下几个问题：企业选择这一行业的原因？企业将要填补怎样的行业空隙？行业现有的企业是创新还是保守？企业拥有行业关键成功因素中的几个，分别是什么？

3. 市场分析

市场分析首先是将行业划分为若干细分市场或区域，然后选择想要进入的目标市场。一般情况下，创业企业不会或还没有足够的资源服务于整个行业，而是选择行业内的某个或某几个目标市场。市场分析包括对目标顾客群体情况分析、竞争者分析和市场预测。

市场细分：将整个市场划分为不同部分的过程。市场可以根据许多方式来细分，如按照地理位置，年龄、性别、收入等人口统计特征，个性、生活方式、价值观等心理变量，等等。市场细分可以通过上述的单一维度来划分，也可以按照多个维度来划分，如先按照地理位置来划分，然后在选择的地理位置内再按照收入划分，等等。基于对市场的细分，逐步选出与自身能力相符的特定目标市场。

分析市场机会：确定市场对企业产品/服务的需求，并且尽可能量化市场的规模，投资者更愿意知道企业在获得全部可利用市场，或是占领产品市场的100%时，收益的规模会是怎样。

分析目标市场的消费行为：企业尽可能多地了解目标市场的顾客，清楚目标顾客的消费习惯。例如，顾客是否愿意接受公司的产品/服务，顾客如何购买，购买决策由谁做出，等等。

竞争者分析：该部分是对竞争对手的详细分析。比较客观地评估市场竞争者的优势和劣势，合理地评估公司产品或服务的替代品以及相应的公司。讨论其中三四家关键竞争者的情况，分析顾客为什么会购买或不购买他们的产品/服务，同时提出企业相对于竞争者有哪些优势。通过竞争者分析，帮助创业者了解主要竞争对手的行业地位，同时向创业计划书阅读者表明，创业者对企业竞争环境有全面的理解。

市场预测：对市场需求、市场规模和市场增长的预测，主要包括市场是否存在对这种产品/服务的需求，需求程度是否可以给企业带来所期望的利润或收益，潜在的市场规模有多大，需求发展的未来趋向及其状态如何，影响产品或服务需求的因素有哪些。

4. 营销计划

营销计划关注企业如何宣传和销售它的产品/服务，涉及价格、促销、分销和销售等方面具体细节，达到预期的销售状况。营销计划既要清楚阐明企业总体营销战略，也要包括具体的营销计划，即在产品、价格、渠道、促销方面的策略。

总体营销战略是指企业在市场中营销产品或服务的总方针。例如，如何在市场中定位，如何与竞争对手实现差异化。总体营销战略提供了如何通过产品、价格、渠道和促销 4P 策略进入目标市场的指导方针。

营销计划部分应包括价格、渠道和促销方面的策略。由于需要一个专门的部分来详细介绍企业的产品或服务，所以 4P 营销策略中的产品（服务）策略在该部分不必描述。价格、渠道和促销策略应该与产品或服务在市场上的定位相符。价格策略需要清楚地阐述公司将如何定价，如何让顾客接受产品或服务的价格，如何产生利润。渠道策略则详细介绍企业如何将产品送到顾客的手中，如何使顾客容易接触到产品或服务。促销策略则要介绍企业打算采用何种方法来吸引目标顾客的注意力并且购买公司的产品或服务。

5. 管理团队和公司结构

大多数创业不是仅由创建者一个人完成的，而是一个创业团队（两个人也是一个团队）。因此，拥有有竞争力的产品或服务以及好的战略还不够，还需要拥有一支有战斗力的管理队伍。管理团队质量的好坏直接影响到企业经营风险的大小。企业管理团队通常包括企业创建者和关键管理人员。在该部分需要对主要管理人员进行阐明，介绍他们的能力，显示出他们为何能够胜任，为何能够为创业成功做出贡献。如果管理团队拥有某些特殊的优势，应该加以强调。例如，该创业团队的学历结构或是创业经验等。此外，如果企业在外部拥有专门的顾问或是顾问委员会，在创业计划书中也应该提出，使计划书阅读者相信创业团队在创业能力和智囊团方面均有保障。

任何一家企业都有组织结构，即使是新办的企业。在创业计划书中要概述企业当前的组织结构，表明企业管理人员在企业中的关系和责任分工，以及成长过程中企业组织结构将会如何变化。比较好的方法就是在计划书中加入一张组织结构图（即使再小的企业也可以画出组织结构图），组织结构图是企业内职权与责任如何分配的图形化描述。

创业成功需要合作分工，团队建设很重要

6. 运营计划

运营计划部分概述了企业如何运作，以及产品/服务如何生产。运营计划一般包括运营模式、地理选择、设施与设备、运营策略和计划等。编制运营计划的关键取决于企业的本质。不同类型的企业在编制运营计划时所选择的侧重点也会不同。例如，生产类型的企业，可能会在生产设施和设备上重点描述，有必要讨论一下生产产品的过程，以及整合资源所用到的技术等，解释其获得的方式（购买、租赁还是其他途径）。如果生产产品并打算外包制造业务，则应该评述外包生产如何完成。而对服务型的企业来说，地理位置选择、维护和支持等方面则需要详细介绍。维护和支持方面主要是针对顾客购买产品或服务后，企业将提供的售后服务等。

7. 产品或服务分析

前面“企业描述”部分对产品或服务做了简单的介绍，这一部分则是对与产品或服务相关的方面进行详细介绍。企业的产品或服务能否以及在多大程度上解决现实生活中的问题，满足顾客的需求，是投资者最为关注的问题之一。产品或服务分析是计划书中必不可少的内容，一般包括：产品的概念、性能及特性；主要产品或服务的介绍；产品或服务的市场竞争力；产品或服务的研究开发过程；研发风险与挑战；发展新产品的计划和成本分析；产品的市场前景预测；产品的品牌和专利。不同的产品或服务，其介绍的侧重点是不同的。

如果企业是研发全新的产品或服务，则需要在计划书中说明研发工作的情况。大部分产品或服务遵循一种符合逻辑的研发途径，包括产品概念、原型化、试生产和全面投产。计划书应该着重描述产品或服务所处的发展阶段，提供后续步骤的进度安排，提供可靠的生产计划，以满足财务规划中的销售预测。

产品挑战和风险部分，应该揭示产品或服务进入市场过程中，企业可能遇到的主要设计和研发的风险与挑战。虽然产品和服务研发是个艰难曲折的过程，但是也要让计划书阅读者了解创业者对预料中的风险和挑战所作出的努力。此外，即使企业没有采取任何知识产权上的措施（如持有的专利、商标、版权或商业秘密），也应该获得一些法律建议，以便在商业计划中讨论相关事宜。

8. 风险分析

风险分析部分需要描述有关企业所在行业、企业和人员、产品或服务的市场吸引力、创业时机、融资等的风险以及其他负面结果的影响。例如针对竞争对手，企业在市场营销、生产或管理方面的弱势等；在如此灵活多变的大环境下，技术日益更新，技术的进步使得产品过时等。

如果在计划书中没有提到负面信息或风险，会使阅读者对创业计划书的可信度产生怀疑并因此威胁到融资。所以，在计划书中分析风险，给出创业者在面对风险时的对策。主动讨论风险，向阅读者表明创业者不但重视经营中存在的风险，而且还能够处理。

9. 财务计划

既要有创新的创业构思，同时还要回归现实，考虑资金问题。除了富有创意的构想能够引起阅读者的兴趣外，公司经营的潜在财务成果也是他们要考虑的。对于投资者来说，利润规模和公司发展是考虑的重点。对于银行来说，财务成功的可预见性和稳定性以及风险最小化是考虑的重点。财务计划是评估投资商机的基础，要在计划书中提供资金明细表、预计的财务报告（包括利润表、资产负债表、现金流量表）和比率分析等财务信息。当然，考虑到企业在资金方面还没有规划完善，但是至少应该提供盈亏平衡图，即显示出何时将达到盈亏平衡以及盈亏平衡点可能的变化，还应该提供成本控制、资金的来源、使用陈述以及投资者的回报等信息。

创业目标的设定要具体实际、量力而为

10. 补充资料

不适宜放入前面几项的所有材料都应放在补充资料部分，如管理团队简历、产品或产品原型的图片或照片、具体财务数据和市场调查计划等。该部分不宜过长，仅是那些不宜放在前面而又十分重要的材料。

微创业计划书框架

微创业计划书框架

目录	
执行摘要	什么产品/服务？什么价值主张？ 顾客是谁？ 如何传递？ 如何维护？ 核心资源是什么？ 关键业务是什么？ 有哪些合作？ 竞争对手是谁？ 何时损益平衡？
主体部分	企业描述 行业分析 市场分析 营销计划 管理团队和公司结构 运营计划 产品或服务分析 风险分析 财务计划 补充资料

第三节　如何撰写一份优秀的微创业计划书

撰写步骤

撰写一份出色的创业计划书，需要有丰富的资料和信息储备，更要把握创业计划书的撰写步骤，有了明确的指引才不会“迷路”而找不到重点。

1. 准备阶段

由于编写过程会涉及很多内容，因而在制定创业计划书前必须进行充分的准备和周密的安排。

首先，创业资料收集。通过二手资料或实地调查获得一手资料的方式，准备关于企业想要进入行业的发展趋势、同类企业组织机构状况、同类企业财务报表等方面的资料（自己的竞争对手就是自己学习的老师）。

方向比努力更重要

其次，创业计划书信息需求分析。主要包括两方面：一要清楚自己的情况；二要确定目标阅读者是谁。

第一，清楚自己的情况。首先要

考虑目前的状况，在规划中尝试回答以下问题：

①企业的产品或服务处于什么样的发展阶段？有什么独特性？替代性怎样？

②目前谁会使用企业的产品？为什么？

③企业如何把产品或服务推向市场？

④如何设计生产线？如何组装产品？需要哪些原材料？企业拥有哪些生产资源？还需要哪些生产资源？

⑤生产和设备的成本是多少？产品或服务的售价是多少？什么时候可以达到盈亏平衡点？

⑥是买设备还是租设备？

⑦创业者或创业团队中有没有专业技术知识？有没有管理才能？有没有工作经验？

⑧企业有没有合作伙伴？

⑨现在有哪些竞争者？

其次，还要考虑清楚未来事业的蓝图，例如 1 年后或 3 年后的状况，在规划中考虑以下几个问题：

①1 年后或 3 年后企业将会发展成为什么状况？

②1 年后或 3 年后企业将会拥有多少员工？

③1 年后或 3 年后企业将会满足哪些顾客的需求？什么需求？

④1 年后或 3 年后销售额、利润和资产将会达到什么样的规模？

第二，确定目标阅读者。目标阅读者是谁？他们想要的是什么？他们会如何运用计划书提供给他们的信息？一般，投资者会根据计划书来看企业商业模式的可行性、利润规模和公司的发展目标，然后决定是否值得投资。银行则是判断财务成功的可预见性和稳定性以及风险最小化，然后决定是否可以贷款。创业者则是看重企业的商业模式和企业的发展。所以不同的目标阅读者在看计划书时的侧重点也会不同。

最后，确定创业计划书的总体框架，并制定创业计划书编写的日程安排与人员分工。

2. 形成阶段

基于创业计划书的不同用途，它的表现形式也会有所不同。形成阶段包括草拟计划书的附录和主体两个部分。其中附录包括企业描述、行业分析、市场分析、营销计划、管理团队和公司结构、运营计划、产品或服务分析、风险分析、财务计划和补充资料。因为主体部分是对其他内容的高度提炼，是整篇计划书的精髓，它的内容随着计划书其他部分而变动，所以主体部分是在附录完成后再进行的。

3. 检查并更新

在这一阶段，创业者需要对创业计划书进行广泛调查并征求多方意见，补充、修改和完善草拟的创业计划书。检查创业计划书是否完整、务实、可操作，是否突出了创业项目的独特优势及竞争力，力求引起投资者的兴趣，使之领会创业计划内容，支持创业项目。计划书不是一份“打印出来就过时”的资料，它需要不断地检查和更新，保持灵活性。没有一份出色的创业计划书，银行贷款、风险投资、合作伙伴以及管理评估标准都无从谈起。

撰写原则

创业者获得银行借款、风险投资、吸引创业人才等都离不开创业计划书。对于创业者来说，创业项目相当重要。但是对于银行家或基金经理人，要想使自己的创业计划书能够最终打动他们，赢得赞赏并引起他们的兴趣，必须使计划书具备以下特点。

1. 清晰流畅

开门见山地直接切入主题，阅读创业计划书的人往往都很忙，没有很多时间阅读一些对他们来说没有意义的东西，所以他们可能会有意无意地通过创业者对自己的描述进行判断。因此，创业者务必做到：保持语言简洁、流畅；避免在一个句子中表达太多的观点；避免对常规的问题进行冗长的讨论；不谈及任何不必要的东西；如果能够用图表表达一些信息，则尽可能使用，因为一张图表可能胜过千言万语的解释。

2. 突出重点

创业计划书一定要精简，只保留阅读者应该被告知的内容，没有必要做到面面俱到。初创阶段的企业条件不具备，加上现在市场灵活多变，一般创业者不会有那么多时间去撰写一份面面俱到的计划书。并非是组织理论、组织体系、规章制度、管理机制不重要，而是应该把握初创阶段创业者应该考虑的重点，如商业模式是否合理，能否快速形成企业利润，能否快速找到自己的顾客并及时跟进销售和服务等。

3. 符合逻辑

要表达的事实和观点应该是易于让人接受的，如果脉络清晰、结构严谨、前呼后应、内容紧密联系，全篇形成一个整体，可能会给人留下更深刻的印象。措辞恰当，要确保语言围绕一个主题，避免描述不一致，还要避免一些不合逻辑的段落堆积。应注意以下几点：内容主线统一，风格统一；各部分具有内在联系性。

4. 实事求是

要做到实事求是，既要数据真实，又要目标可信。有一些创业者为了吸引阅读者的注意，故意夸大或缩小数据，例如故意缩小现有竞争者的市场份额，借此体现目标市场很大。创业计划书一定要体现公司的发展目标，但是切不可盲目设定目标，例如有些创业者在创业计划书中写“三年内将企业发展成为行业龙头或者处于行业领先地位”，创业者本想借助宏大的目标来引起阅读者的兴趣，但是在正常情况下，这种目标一般是很难在三年内实现的，会给阅读者一种创业者并没有认真细致地考虑企业发展规划的感觉。因此，回归到根本，应该撰写一份实事求是，使创业者知道自己如何下手，投资者能够评估是否值得投资，潜在人才能够判断是否值得加入创业团队的创业计划书。此外，不可照搬照抄那些大型企业的做法，如管理体制、固定模式等，对于新创企业来说，不仅是教条，也是十分危险的。当然，如果企业得到强有力的资本或者其他资源的注入，另当别论。

第四节　案例研究
——“我的爱心农场”创业计划书

本案例仅展示了创业计划书的执行摘要和主体部分。

执行摘要

1. 产品与服务价值

本公司为顾客提供既可以自己食用，又可以作为健康礼品的绿色、安全、高质量的蔬菜。顾客除了可以从中了解蔬菜烹饪方法、养生食谱外，还可以了解相关的种植知识，甚至可以全过程参与蔬菜的种植，在体验种植的快乐的同时，对本公司所提供的蔬菜更加放心。顾客还可以选择到农田自行采摘蔬菜，在获得蔬菜的同时，获得更多的知识和体验。

2. 目标顾客

本公司将有慈善心且注重食品安全和质量的高收入人群作为目标顾客，前期主要针对广州市别墅以及高新住宅区的高收入人群。广州市民对蔬菜食用的要求较高，大量高收入人群希望能吃到放心的绿色蔬菜。随着公司规模的扩大，公司将会以广州市蔬菜供应和市场开拓模式为依据，逐渐开发华南地区市场乃至全国市场，建立品牌连锁店，并在相应的地区寻找蔬菜种植区域及农户，为本公司提供蔬菜种植服务。

3. 渠道通路

目前本公司的渠道是自有渠道，包括线上销售和人员销售。线上销售是借助“我的爱心农场”联结顾客和农户，中间不经过任何中间商。顾客可以通过本公司的网站预订蔬菜以及接受相关服务，公司会通过网站、电话、短信、微信等方式公布相关信息，及时与顾客联系并获得信息反馈。人员销售则是公司销售团队利用已有的人脉资源，如广东省红十字会企业家服务队，上门拜访企业家，介绍本公司绿色、安全和高质量的绿色蔬菜，顾客可以线下购买，也可以线上订购。

4. 客户关系

通过销售人员登门拜访以及各种公关活动的形式，开拓前期市场，并将产品打造成送礼佳品，让顾客身边更多的亲朋好友知道“我的爱心农场”项目。

在网络服务方面，本公司力求完善功能，让顾客自主选择产品的同时，也可以浏览到更多有价值的信息，认识更多的朋友，相互分享健康饮食心得，提高生活质量。

5. 核心资源

（1）供应商管理。整合市郊地区个体菜农资源，与个体农户建立良好的合作关系，让大量的个体农户加入“我的爱心农场”项目，为项目提供新鲜的绿色蔬菜，建立不易被竞争对手复制的网络。

（2）渠道管理，通过“我的爱心农场”网络平台实现产品的价值传递，中间没有任何中间商，既能快速将新鲜蔬菜产品传递到顾客手中，又能减少不必要的成本。此外，网络平台还能够为顾客提供大量的信息，实现顾客自主选择产品，让顾客参与蔬菜种植过程。

（3）客户资源，本公司与广东省红十字会企业家服务队的企业家们拥有良好的关系，可以建立长久的合作关系。

6. 关键业务

（1）“我的爱心农场”网络平台建设与维护。

做好蔬菜烹调方法、养生食谱等数据的收集工作，建设“我的爱心农场”网络平台。对网络平台进行日常维护工作，保证与顾客的足够互动以及实现售后服务。

（2）开拓市场。

进行线上推广，与相关网站平台合作，扩大品牌的知名度。对销售人员进行销售培训，以保证销售人员拜访顾客的质量。

7. 重要合作

（1）市郊地区的个体菜农。

前期主要与番禺区东涌镇西樵村以及增城市石滩镇碧江村的个体菜

农合作。

（2）蔬菜种子、肥料以及农药等相关供应商。

为公司引入价格合理的高质量原料。

（3）蔬菜种植技术顾问。

对农户的种植环境进行评定，确定蔬菜种植的种子和肥料等，规范种植流程以符合绿色蔬菜种植标准。

8. 竞争对手

广州友谊商店、广百、吉之岛以及正佳广场等商场卖有机蔬菜和一般蔬菜。一般蔬菜有着价格较低的优势，有机蔬菜生产过程的标准比绿色蔬菜生产过程的标准要求更为严格，比绿色蔬菜的档次更高。

9. 损益平衡

本公司所有注册资本20万元，均为自筹。第一年资金需求约为14万元，第二年上半年达到损益平衡。

（1）收入：

①顾客对“我的爱心农场”支付的产品费用是本公司的主要收入来源。

②网络平台影响力扩大后的广告费用。

（2）成本：

①种子、化肥、杀虫剂等相关种植材料费用。

②相机、电脑等设备采购费用。

③前期区域管理员工以及种植技术顾问的工资。

④网站建设与维护费用。

⑤相关推广费用。

⑥产品包装费用。

主体部分

1. 企业描述

“我的爱心农场”创业项目的发起源于现实生活中存在的两个问题。

其一，市郊地区的部分个体菜农属于低收入（BOP）人群，其收入偏低且不稳定。他们种植的蔬菜主要有两个销售途径：

（1）把种植的蔬菜卖给蔬菜批发商，但是蔬菜批发商的收购价格偏低，在某些季节菜农甚至出现亏本的现象。

（2）把种植的蔬菜拿到附近的街道上以摆摊的形式销售，但市郊地区市场购买力有限，加上和本地菜市场的竞争，使其收入低下。此外，城管的监督，使其收入的不稳定性加剧。

其二，随着社会的进步，国内食品安全问题越来越受到人们的关注。城市的高收入人群愈加重视食品的安全和质量，希望能够吃到放心的绿色蔬菜，但是普遍对市场上的绿色蔬菜和有机蔬菜持有怀疑态度，信任程度不够。因此，高收入人群在这方面的需求没有很好地得到满足。为了解决这个问题，少数高收入人群甚至会在家里的庭院种植蔬菜。

如今，在送礼方面，许多人趋向于送家乡的特色绿色食品或者一些自己种植的蔬菜，理由是“这些东西外面买不到”。特别是对于高收入人群，这样的礼品既可以很好地表达送礼者的心意，同时接受者也普遍认可这样的礼品。

另外，许多高收入人群希望能够帮助到社会上有困难的BOP人群，红十字会企业家服务总队就是由这样一群有爱心的企业家组成的，帮助了社会上大量的BOP人群。

“我的爱心农田”借助公司的网站平台，与市郊菜农合作，共同生产绿色安全的蔬菜，为高收入人群提供高质量、安全的蔬菜，使蔬菜的需求、生产与消费实现一体化。在满足高收入人群的慈善心以及对安全绿色食品需求的同时，为市郊地区的菜农带来更多的收入。公司除了与市郊地区的个体菜农合作外，还与蔬菜种子、肥料以及农药等相关供应商、蔬菜种植技术顾问等合作。

本着“您的爱心，是我们为您追寻健康、快乐的无限动力”的企业宗旨，“我的爱心农场”是连接市郊农民和城市高收入人群的桥梁。通过我们，农户们种出的绿色蔬菜的质量和附加价值大大增加；而顾客通过我们的服务，可以更好地满足其各方面的需求，收获到更有意义和更放心的绿色蔬菜。

2. 行业分析

（1）环境分析。

①政治（Political System）。

在发改委的各项公告以及每年的政府工作报告中可以看到，国家在政策方面都是支持农业发展，重视提高农民收入的，而且在绿色食品的发展方面更是给予了很大程度的支持。

a. 十八大强调加快发展现代农村，确保国家粮食安全和主要农产品的有效供给。

b. “发展绿色食品”被写入党的十七届三中全会《决定》；中央1号文件对绿色食品基地建设提出了明确要求；农业部党组对绿色食品工作做出了一系列决策和部署，为发展绿色食品创造了难得的政策环境和条件。

c. 截至2010年年底，全国共有25个省、市、自治区的307个单位建成绿色食品大型原料标准化生产基地432个，面积达到1.03亿亩，产量5 717.6万吨，涵盖69种优势农产品和地方特色产品。基地对接龙头企业 1 138 家，带动 1 296. 5 万个农户，直接增加农民收入 6. 5 亿元以上。经过 5 年的努力，绿色食品基地建设已走出了一条以品牌化带动农业标准化和产业化的新路子，成为绿色食品事业发展的新亮点。

d. 农业部认真落实“农产品质量安全整治暨执法年活动”的各项工作部署，围绕“三品”专项整治，重点强化各项绿色食品监管制度。

②经济（Economic）。

a. 国家统计局发布的 2012 年国民经济运行情况显示，2012 年中国 GDP 总量 519 322 亿元，人均 GDP38 852 元，发展状况良好。

b. 广东省 2012 年人均 GDP 为 57 067. 922 元，全国排名第一。

c. 2012 年，全国共认证绿色食品企业 2 297 家，产品 5 865 个。全国有效使用绿色食品标志的企业达到 6 003 家，比上年同期增长 2. 3%，产品达到 15 707 个，比上年同期减少 1. 7%。绿色食品年销售额达到 3 162 亿元，比上年增长 21. 8%；绿色食品种植业面积达到 1. 9 亿亩，约占全国主要农作物种植面积的 8%。

③社会（Social）。

a. 上流社会在财富得到积累后，愈加重视食品安全与质量。大众养生网、养生专家等受到人们的高度关注。

b. 在强调和谐社会的当下，人们的道德观念不断提升。高收入人群对 BOP 群体的关注度不断上升，BOP 人群生存状况的大量曝光让人们产生伸出援手的强烈意愿。

④技术（Technological）。

a. 随着互联网技术的快速进步，高收入人群可以更多地了解到 BOP 人群。同时，信息化的技术流程也让食品生产过程变得更加透明化、可跟踪化。

b. 社会对农作物生产的研究已达到一定水平，科学有效的生产管理知识、对不同农作物的营养价值分析等一系列理论知识，均可详细、方便地获取。

（2）趋势分析。

在绿色蔬菜行业，许多大规模的蔬菜生产基地如雨后春笋般出现。绿色蔬菜是无污染、安全、优质、营养类蔬菜产品的总称，发展绿色蔬菜的基本做法和目的是通过对产地环境的控制，对蔬菜生产与加工过程中使用化肥、农药以及其他化学合成物的限制，一方面保护农业生态环境，另一方面提高农产品的质量和安全性。但在中国食品安全存在许多隐患的大背景下，顾客们对“绿色”的保证没有足够的信心，部分顾客甚至对此持有严重的怀疑态度。

随着宏观环境的不断变化，越来越多的交易基于网站进行，越来越多的第三方平台建立。绿色安全蔬菜第三方平台仍处于发展阶段，并且中国的高收入人群越来越多，仍有很多高端需求没有得到满足，所以本行业具有很好的发展前景。但是绿色蔬菜行业壁垒不高，绿色蔬菜标准仍不够严格，有一定规模的蔬菜生产基地能够很容易地申请到绿色蔬菜认证。因此，行业的潜在的竞争很大。

3. 市场分析

（1）目标顾客及市场预测。

本公司所选择的目标顾客是有慈善心且注重食品安全和食品质量的高收入人群。以广州市作为前期目标市场，主要针对广州市别墅区以及高新住宅区的高收入人群，打造模板市场，塑造公司品牌。

这些注重食品安全和食品质量的顾客，购买能力较强，但是集中度不高，品牌忠诚度不高，价格敏感度也较低。此外，广州高收入人群的慈善心较为强烈，红十字会企业家服务队起源于广州就是一个很好的佐证。在广州市场稳定后，以广州市为中心，向周边地区辐射扩大，逐步开发华南地区市场乃至全国市场。

（2）竞争分析。

基于SWOT分析方法分析公司与广州友谊商店、广百、吉之岛以及正佳广场等销售蔬菜的高档商场的情况。

①优势（Strength）。

a. 社会背景优势。

本项目是由国际青年成就组织（JA组织）发起的、针对BOP人群的创业项目，可信赖程度高，利于品牌建立。能够提高个体菜农的收入，故能得到社会慈善人群的认可与支持。

b. 网络技术优势。

一般绿色蔬菜商并未利用网络平台，而本公司建立了“我的爱心农场”网络平台，为绿色蔬菜附加价值，顾客购买的并不只是绿色蔬菜，更是一种生活体验。

该平台能够让顾客在了解基本种植知识后选择需要种植的蔬菜品种、使用的肥料、种植的土地等要素，即规划蔬菜的种植条件。

在种植过程中，网站通过图片等形式，向顾客反馈蔬菜的生长情况，让顾客“看着”蔬菜长大。

此外，该网站会分享大量蔬菜的烹饪方法以及养生食谱等知识，提高顾客的饮食质量。同时也是一个让顾客能够认识更多的“城市菜农”，彼此分析蔬菜烹饪方法和养生食谱的交流平台。该平台能够让顾客们给种植蔬菜的农民打分，得分较高的部分农户将会得到“种植能手”的称号，本公司将给予该农户一定的奖金奖励。

c. 附加价值优势。

“我的爱心农场”卖的不单是绿色蔬菜，更多的是一种让顾客体验种植快乐的服务，这是一般绿色蔬菜商所不具备的。

相对于一般的绿色蔬菜商，“我的爱心农场”具有明显的优势，如下表。

本公司与一般绿色蔬菜商差异对比

比较项目	我的爱心农场	一般绿色蔬菜商
产品价值	让顾客吃到放心蔬菜的同时，也参与种植过程，丰富生活体验。产品作为礼品时能够很好地表达心意，以及满足顾客的自豪感	让顾客吃到放心的绿色蔬菜，保证食品安全和质量
价格	与一般绿色蔬菜相比，价格更高	相对一般蔬菜较高
质量可靠性	让顾客全过程参与种植，提高顾客对产品质量的信任度	相关证明以及口头保证
目标市场	有慈善心并且注重食品安全与食品质量的高收入人群	注重食品安全的人群
品牌信誉	JA 组织发起针对 BOP 人群的创业项目，可信度高	有一定的经营经验，规模较大
售后服务	以电话回访、网页论坛互动等形式调查顾客满意度	无

②劣势（Weak）。

a. 经验缺少。

本公司团队初次创业，经验相对缺乏，对农产品市场的特点与发展的了解也有待加强。虽然团队成员个人素质高，团队协作默契，但在实际的市场操作过程中由于经验的缺乏，仍然会面对许多困难。

b. 种植规模较小。

公司成立初期，整合个体农户资源有限，加上个体农户的地理位置分散，难以形成大规模生产，不利于提高生产力。

③机会（Opportunity）。

a. 国家政策机会。

国家对农业以及绿色食品的政策支持无不说明了“我的爱心农场”有较好的发展机会。

b. 市场机会。

随着社会的不断进步，食品安全问题愈加受到人民的重视，高收入人群更是注重食品的安全和质量。市场上的许多绿色蔬菜得不到顾客的高度认可，部分顾客甚至对绿色食品持有怀疑态度。而“我的爱心农场”能够让顾客全过程参与蔬菜的种植，使顾客对产品的信任度大大提高。

在绿色蔬菜市场上，目前尚未发现与本公司类似的商业模式和服务，所以本公司具有较好的机会抢占市场份额。对于个体菜农来说，本项目能够省去其销售环节，并且本公司支付的金额，很大程度上高于蔬菜批发市场，有利于提高菜农的收入水平。同时，本项目可以帮到BOP人群，能够得到有慈善心的顾客的支持。

④威胁（Threat）。

市场上有大量的绿色蔬菜种植基地，其产品价格较本公司产品低，其集约化程度较高，同时具有较丰富的种植经验。

本公司的服务主要通过网络平台实现，核心技术较为容易复制。若公司的理念和服务不能很好地吸引顾客，就很容易在后续的市场竞争中被对手超越。

总体而言，从SWOT分析中，外部环境为公司的发展提供了良好的发展契机，本公司在该细分市场中具有较为明显的优势。公司必须充分利用有利的机遇，在前期快速占领市场以发展壮大自己。同时，外部环境的威胁是不可避免的，竞争者的威胁始终是存在的。因此，公司需要准确定位公司产品，以避开与对手的直接竞争，并做好充分准备迎接潜在竞争者的威胁。

SWOT 分析表

	优势——Strength	劣势——Weakness
	网络技术优势 社会背景优势	经验不足 初期公共关系薄弱 市场处于成长阶段
机会——Opportunities	SO 战略	WO 战略
国家政策机会 市场机会	重点宣传公司的产品理念和服务，让顾客体验参与种植的快乐，以区别于一般的绿色蔬菜种植商，树立品牌形象，快速占领市场 把产品打造成送礼佳品，让更多潜在的顾客知道本公司，以扩大市场	通过吸引外界投资获得发展资金，利用环境提供的良好机遇 做好主要产销环节管理，降低初始投入并大力发展客户关系
威胁——Threats	ST 战略	WT 战略
类似产品的威胁 后续竞争的威胁	不断丰富网页平台的功能，通过平台更好地服务顾客 维护好原有顾客，在提高产品质量的同时，让顾客更好地体验种植蔬菜的快乐	坚持诚信原则，持续提高产品质量，更好地划分目标市场，重点宣传产品价值和服务，避开与对手直接竞争

4. 营销计划

（1）价格（Price）。

本公司的产品在质量上优于绿色蔬菜，却比不上有机蔬菜。但由于本公司推出的产品附加价值较大，而且给顾客提供了全过程参与蔬菜种植的服务，更好地满足了顾客对蔬菜放心程度的需求，所以产品价格相应上升。本公司定价时力求让消费者认为本公司产品具有较高的性价比，同时在情感上高度认可公司的服务。“满意的价格，得到更好的质量、更优的服务、更多的满足”，这是本公司产品希望传递给消费者的信息，也是本公司产品的定位。

本公司以竞争者的价格为导向，结合运用竞争导向定价法以及顾客需求差异定价法。产品与市场上一般绿色蔬菜以及有机蔬菜的价格对比如下（随季节和具体蔬菜品种不同有所差异）：

产品价格对比

	绿色蔬菜商	有机蔬菜商	“我的爱心农场”
菜心	7～13 元/斤	14～25 元/斤	15～17 元/斤
苋菜	7～13 元/斤	13～26 元/斤	14～19 元/斤
小白菜	6～15 元/斤	13～26 元/斤	13～18 元/斤
通心菜	7～12 元/斤	12～26 元/斤	14～16 元/斤

从以上定价可以看出，“我的爱心农场”提供的绿色蔬菜价格低于国内大规模的有机蔬菜生产基地，相比一般绿色蔬菜商的产品价格高。

（2）渠道（Place）。

“我的爱心农场”是连接消费者和市郊个体农户的唯一桥梁，中间不经过任何经销商，让顾客通过本公司的网络平台接触农户，全过程参与蔬菜的种植。

本公司在前期阶段整合番禺区东涌镇西樵村以及增城市石滩镇碧江村的个体菜农网络，统一产品蔬菜种植的种子、肥料、农药以及技术等，实现过程质量控制，为顾客提供高质量的产品。公司不存在库存问题，接到顾客订单后直接通知农民进行种植。出于价格以及网点等多方面因素的考虑后，本公司选择“申通快递”和“中通快递”作为合作物流公司。

渠道流程如下：

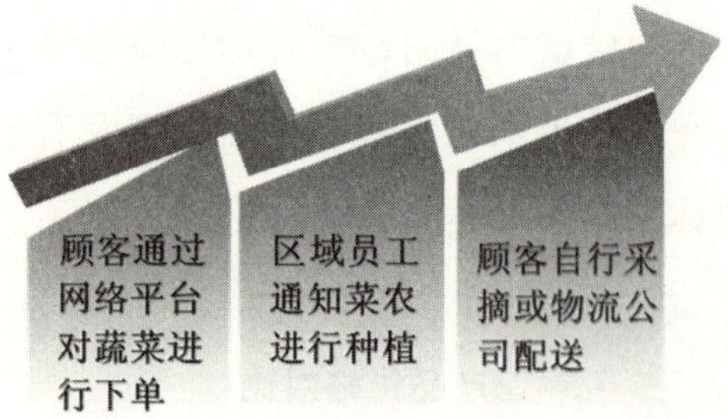

渠道流程图

（3）促销（Promotion）。

①广告宣传。

在公司的前期创业阶段，资金较为紧缺，不在电视上做广告宣传，主要以网络宣传为主。

本公司创业团队的部分人员对微博营销有较为深入的研究与实际操作经验，本公司将建立新浪微博账户，在微博上发布相关的养生知识，力求发布的部分创意型微博可以引起博友的大量转发，实现病毒式营销。在微博账户建立前期，通过付费等方式，让与绿色蔬菜以及健康养生相关的影响力较大的主页为公司微博做宣传，以扩大本公司微博账户的影响力与知名度。

利用本公司团队已有资源，通过发表文章的形式，在《广东营销》杂志上发布相关的创业消息，让更多的企业家和营销界学者关注“我的爱心农场”项目。

②人员推销。

本公司的销售人员主要以团队创业成员为主。针对前期目标顾客，本公司利用已有的人脉资源，如本公司成员与广东省红十字会企业家服务队的友好关系，针对服务队中的企业家进行上门拜访，向顾客介绍本公司产品与服务的价值所在。销售人员在介绍的过程中，通过平板电脑给顾客介绍如何实现网上订购以及参与种植过程。在销售过程中，销售人员需强调产品的送礼功能，通过送礼的渠道让更多人知道“我的爱心农场”项目。

③公关活动。

第一，“了解中国 BOP 人群”活动。

本团队发起“了解中国 BOP 人群”的公益活动，让更多的城市中高收入人群知道中国仍然存在大量的低收入人群，让更多的人关注 BOP 人群，同时也让更多的人知道“我的爱心农场”项目，知道我们正在为改善 BOP 人群的生活水平而奋斗。

希望通过该活动，让政府知道本公司的存在，随之销售人员针对政府人员采取相关的攻关活动，以求说服政府机构统一订购“我的爱心农场”的产品。

第二，发起“我的健康食谱”微博活动。

针对不同品种的蔬菜，许多“妈妈”都有一些自己独家的蔬菜烹饪方式，通过“我的健康食谱”微博活动，可以让更多的人知道“妈妈”们的秘方。编辑微博“@我的爱心农场”，得到“赞”的前 10 名参与者可以获得本公司送出的绿色蔬菜大礼包。

④针对部分顾客，免费赠送。

由于本公司强调产品的礼品功能，所以在前期阶段，为拓展市场，打开知名度，本公司会免费赠送产品给部分特定人群，如某商会负责人等。

⑤其他促销活动。

针对不同的季节，公司会采取一些针对性较强的打折促销、转发微博有机会获得现金券等促销活动。

5. 管理团队和公司结构

创业初期：创业团队由五个人组成，均为在校大学生。一名硕士研究生担任总经理一职，主要负责整个创业团队的协调工作以及与公司外部各方面的合作协商。一人负责财务，一人负责网站技术服务，另外两人则与总经理一起开拓市场以及为菜农服务。

创业后期：随着公司业务的发展，公司规模会逐步扩大，人员也会相应地增加，每个人的分工将会更加明确。逐步制定各部门负责人的职责，制定好管理制度，并在实践中不断完善。

此外，创业团队所在学校的多名创业导师是本创业团队的智囊团，组成创业团队的顾问委员会，指导公司的发展以及提供相应的技术辅导。

6. 运营计划

针对有慈善心且注重食品安全和食品质量的高收入人群，使他们对绿色蔬菜放心的一个解决办法就是让顾客参与到蔬菜的种植过程中。整合资源的运营思路：

（1）农户资源。

让大量市郊地区的低收入个体菜农加入到“我的爱心农场”项目。创业前期，公司与番禺区东涌镇西樵村和增城市石滩镇碧江村的个体菜农合作，为广州市以及附近城市的顾客提供优质的绿色蔬菜。本项目对农民是利远大于弊的，公司统一种子、肥料以及杀虫剂，降低农民种植成本，但农民需要遵循公司的绿色蔬菜种植规范，严格控制蔬菜质量。公司支付给农户的费用远高于蔬菜批发商的收购价格，而且该项目前期不会大程度影响农民的日常劳作。顾客评分较高的农民可以获得“种植能手”称号，公司对此有相应的奖金奖励。

（2）供应商资源。

公司力求与蔬菜种子、肥料以及农药等相关供应商保持共同发展的友好合作关系，为公司引入价格合理的高质量原料。

（3）技术资源。

蔬菜种植技术顾问对农户的种植环境评定，确定蔬菜种植的种子和肥料等，规范种植流程以符合绿色蔬菜种植标准。该顾问团队为公司整合种植技术，不断提高公司产品质量。

（4）运输资源。

广州市郊有较多物流公司的网点，需要整合这些运输资源，方便产品的运输。

7. 产品或服务分析

（1）产品。

①产品标准。

有机蔬菜指在蔬菜生产过程中不使用农药、化肥、生长调节剂、饲料添加剂等物质，以及基因工程技术及其产物，而是遵循自然规律和生态学原理，采取一系列可持续发展的农业技术，协调种植业和养殖业的平衡，维持农业生态系统持续稳定的一种农业生产方式。有机蔬菜种植难度较大，一般的有机蔬菜种植基地有着集约化程度高、技术成熟的特点，有机价格也大大高于绿色蔬菜。

绿色蔬菜要符合以下标准：第一，产品或产品原料的产地必须符合农业部制定的绿色食品生态环境标准；第二，农作物种植及食品加工必须符合农业部制定的绿色食品生产操作规程；第三，产品必须符合农业部制定的绿色食品质量和卫生标准；第四，产品外包装必须符合国家食品标签通用标准，符合绿色食品特定的包装装潢和标签规定。

“我的爱心农场”种植的绿色蔬菜在产品质量控制上严格按照绿色蔬菜生产标准，同时承诺不使用化学合成的肥料、生长调节剂以及基因工程技术，让蔬菜遵循自然生长规律，在产品质量上超过绿色蔬菜的标准。本公司计划在第二年申报绿色蔬菜认证，以更好地保证产品质量。

②产品种类。

产品主要包括四大品种：菜心（又称花菜）、苋菜、小白菜（又称青菜、油菜）、通心菜（又称空心菜、雍菜），每个大品种下又细分成不同的种类。

③产品包装。

菜农对蔬菜进行采摘后，区域工作人员对产品进行包装，同时贴上特色标签。该包装的成本低下，但可在一定程度上加强顾客的归属感和自豪感，也利于当作礼品。

（2）服务。

“我的爱心农场”网页是一个集信息浏览与分享、以绿色蔬菜种植订购为一体的网络平台。顾客免费注册会员后，可在网页上浏览相关的蔬菜种植知识，然后组合想种植的蔬菜种子品种、种植的土地、使用的肥料、种植蔬菜的农民等要素，进行下单购买。

本公司相关人员会定期观察蔬菜的生长情况，在网站上通过图片和文字描述等方式让顾客了解蔬菜的生长状况。蔬菜收成阶段，顾客可选择物流公司派送，或者自行到农田进行采摘，以体验农户生活。若顾客选择物流公司派送，菜农采摘后由区域工作人员对产品进行包装，同时贴上特色标签，然后由物流公司进行派送。顾客收到绿色蔬菜后可通过网银或支付宝等形式进行网上付费。

顾客可以在网站上浏览大量的蔬菜烹饪技巧和相关的养生食谱，也可以结交大量的“城市菜农”，相互分享饮食方面的体验。食用蔬菜后可以对相应的菜农进行打分和评价，得分较高的菜农可获得“种植能手”的称号，获得相应的奖金奖励。

相关的业务操作流程如下：

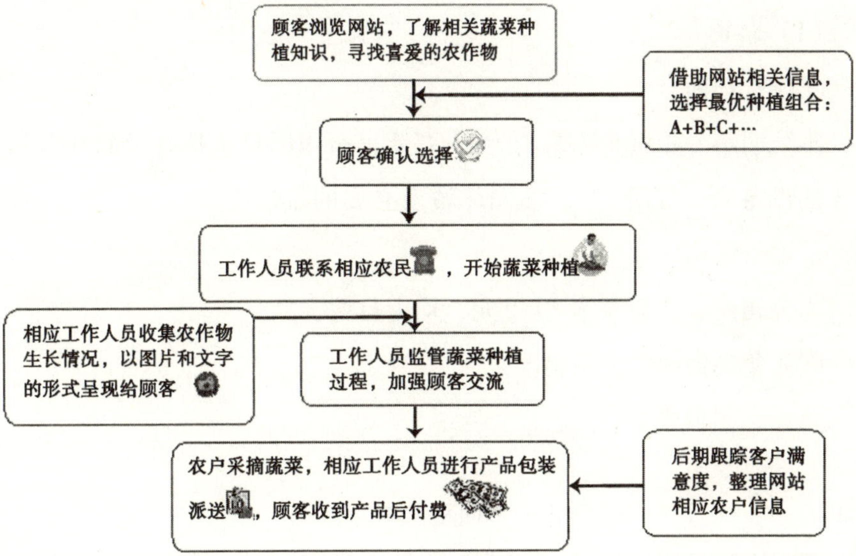

业务操作流程

8. 风险分析

由于绿色蔬菜行业壁垒不高，绿色蔬菜标准仍不够严格，有一定规模的蔬菜生产基地较易成功申请绿色蔬菜认证，因此，新进入者威胁较大，容易带来激烈的竞争。

绿色蔬菜的替代产品为有机蔬菜和一般蔬菜。一般蔬菜有着价格较低的优势，而有机蔬菜的产品质量比绿色蔬菜更有保障。顾客的转换成本低，而且有机蔬菜和一般蔬菜都有相应的优势，所以绿色蔬菜的市场可能会被抢占。

蔬菜的生长极易受到环境的影响，在应对自然灾害方面具有很大的劣势。此外，由于前期的网站建设以及对菜农的原材料提供和技术指导需要大量的资金，所以在前期会出现资金紧张的状况。

9. 财务计划

（1）融资。

①融资规模。

本公司第一年资金需求约为 14 万元，运用项目包括公司的开办和第一年的设备采购费用、工作人员工资及必要的流动现金。

②融资结构。

本公司所有注册资本 20 万元，均为自筹。

③筹集期资金的使用情况。

第一，固定成本。

固定成本

	费用（元）
相机以及相关设备采购费用	3 600
区域管理人员年工资	18 000
种植技术顾问年工资	24 000
网站建设与维护费用	9 800
微博等相关营销、推广费用	12 000
办公用品如电脑等	9 000
“种植能手”奖励资金	5 000
工具检查费用（第一年）	5 000
总计	86 400

第二，变动成本。

变动成本

	第一年	第二年	第三年
目标销售斤数（斤）	9 000	14 400	28 800
支付农户费用（元）	27 000	43 200	86 400
种子、肥料等费用（元）	9 000	14 400	28 800
包装费用（元）	4 500	7 200	14 400
总计（元）	49 500	79 200	158 400

第三，相关说明。

工作人员数目：

第一年：2 个区域工作人员，1 个顾问。

第二年：4 个区域工作人员，2 个顾问。

第三年：8 个区域工作人员，3 个顾问。

网站费用：

第一年：9 800 元的建设费用，免管理费用。

第二年：1 500 元管理费用。

第三年：1 500 元管理费用。

（2）财务预算。

①财务假定。

假定项目寿命为十年，由于未来的不确定性以及第三年之后的现金流很难估计，本计划只对公司未来三年进行财务预测和财务分析。

假定国内和国际政治、社会环境保持基本稳定状态。

本公司为小规模纳税人，适用增值税征收率为3%，城建税和教育附加为增值税的10%。作为农产品生产公司，免征所得税。

相机与相关设备使用寿命为三年，期末无残值，按直线折旧法计算。

办公用品如电脑使用寿命为五年，期末无残值，按直线折旧法计算。

②前三年预计损益：

前三年预计损益表

年份	第一年	第二年	第三年
主营业务收入	135 611. 65	216 978. 64	433 957. 28
主营业务成本	40 500. 00	64 800. 00	129 600. 00
管理费用	80 000. 00	111 000. 00	231 000. 00
销售费用	14 800. 00	6 500. 00	6 500. 00
营业税金及附加	838. 83	1 342. 14	2 684. 27
所得税费用	–	–	–
净利润	–527. 18	33 336. 50	64 173. 01

③现金流分析。

前三年现金流估测表

年份	第一年	第二年	第三年
一、经营活动产生的现金流量：			
销售商品、提供劳务收到的现金	144 000. 00	230 400. 00	460 800. 00
购买商品、接受劳务支付的现金	–40 500. 00	–64 800. 00	–129 600. 00
支付给职工以及为职工支付的现金	–60 000. 00	–96 000. 00	–216 000. 00
支付的各项税费	–9 227. 18	–14 763. 50	–29 526. 99
支付其他与经营活动有关的现金	–31 800. 00	–18 500. 00	–18 500. 00
经营活动产生的现金流量净额	2 472. 82	36 336. 50	67 173. 01
二、投资活动产生的现金流量：			
构建固定资产和其他长期资产支付的现金	–12 600. 00	–	–
投资活动产生的现金流量净额	–12 600. 00	–	–
加：期初现金及现金等价物余额	200 000. 00	189 872. 82	226 209. 32
三、期末现金及现金等价物余额	177 272. 82	226 209. 32	293 382. 33

第一年支付其他与经营活动有关的现金明细：9 800 元网站初始建设费用，5 000 元奖金，12 000 元推广营销费。

由上表可以看到，本公司第一年处于开拓市场阶段，我们预计市场的培养与成熟仍然需要一定的时间，故现金流量较少；第二年，初期目标市场——广州的市场逐渐趋于成熟，营销策略初见成效，销售额有小幅度的增长，在现金流上有一定程度的体现；第三年，广州市场趋于成熟，公司知名度上升，逐渐开拓广州附近城市的市场，销售额有大幅度的增长，现金流净额也出现大幅度增长。

④预计资产负债表。

前三年预计资产负债表

	第一年年末	第二年年末	第三年年末
资产			
流动资产：			
货币资金	189 872. 82	226 209. 32	293 382. 33
固定资产：			
固定资产原值	12 600. 00	12 600. 00	12 600. 00
减：累计折旧	3 000. 00	6 000. 00	9 000. 00
固定资产净值	9 600. 00	6 600. 00	3 600. 00
资产合计	199 472. 82	232 809. 32	296 982. 33
所有者权益：			
实收资本	200 000. 00	200 000. 00	200 000. 00
资本公积			
盈余公积			
未分配利润	－527. 18	32 809. 32	96 982. 33
所有者权益合计	199 472. 82	232 809. 32	296 982. 33

⑤净现值与内部收益率分析。

现金流表

现金流量	第0年	第一年	第二年	第三年	后续年限（假设后续现金流量与第三年相同）
收入－支出－税费＋折旧	－200 000	2 472.82	36 336.50	67 173.01	504 387.7395

资本回报率计算

根据资本资产定价模型	无风险利率采用五年期国债利率	农业生产业的资本回报率	β值采用农业生产行业的β值	资本报酬率 r
r＝rf＋β（rm－rf）	5.58%	14.50%	1.4	18.07%

对现金流进行折现，得出 NPV 为 128 532.39 元，IRR 为 35%。

假设项目运行周期为 10 年，计算得出的 NPV 为 128 532.39 元，远远大于 0；同时，项目的内部收益率为 35%，也是远远大于我们要求的回报率 18.07%，说明这是一个非常值得投资的项目。

10. 补充资料

市郊地区合作个体菜农的情况：

前期主要与番禺区东涌镇西樵村以及增城市石滩镇碧江村的个体菜农合作。

番禺区东涌镇西樵村的总面积为 2.23 平方公里，耕地面积 2 594 亩，劳动力人口 845 人，全村经济主要以农业为主，主要种植水稻、蔬菜等。

增城市石滩镇碧江村约有 800 个农业个体户，土地面积约为 2.8 平方公里，该村的蔬菜常年种植面积 38 000 亩，总产 16.8 万吨。

5

第五章 微创业借力演讲

开篇案例

在2008年美国总统大选中，民主党候选人奥巴马一举击败共和党候选人麦凯恩，成为第56届美国总统，也是美国历史上第一位黑人总统。

比起麦凯恩，奥巴马显然缺乏经验和背景。那么，他凭什么就当上了美国总统?

除了自身的才学和能力，他的成功，更多的得益于其精彩的演讲。

奥巴马精于演讲，只要他在台上振臂一呼，台下往往听众云集。演讲现场，许多民众忘情地跟着他高喊口号，甚至有人会因过度兴奋而昏倒。可以说，奥巴马能够竞选获胜，很大程度上得益于他非凡的演讲能力。

2008年1月8日，奥巴马在新罕什尔州的演讲中，第一次提到了他的竞选口号“Yes，We can”。事实上，在演讲的开始，他并未获得很高的支持率，然而在最后3分钟，他不断重复着这个充满感染力的口号，给大部分在场的观众带来了希望，并激发大家一起回应口号，此时观众成为他演讲的一部分。

奥巴马的演讲慷慨激昂，极富鼓动性。

为了鼓舞民众在新的历史时期团结起来“应对挑战”，奥巴马在演讲中连续使用了五个“正因为这样”和三个“是时候”，组成多个排比句，气势磅礴，豪气冲天，充沛的感情宛如排山倒海。加上他声音抑扬顿挫，肢体语言丰富，使这段演讲既像赞美诗一样热情，又像战斗宣言一般激昂，彻底感染并征服了现场的每一个人，使大家“为祖国开辟新方向”的信心油然而生。事后，《泰晤士报》专栏作家威廉这样评价奥巴马的演讲："他的演讲激情澎湃，让人联想起马丁·路德·金。"

48岁的奥巴马，以其高超的演讲艺术征服了选民的心，终于在总统大选中一"马"当先，入主白宫。难怪有评论家说："演讲为奥巴马铺就了通往白宫之路！"

政界需要演讲，商界同样需要演讲。

作为一个创业者，一个好的演讲可以吸引潜在的投资者，为创业赢取资金。

那么如何进行创业演讲呢？

第一节　演讲三部曲

听着奥巴马在竞选台上神采飞扬的演讲，看着乔布斯在产品发布会上有条不紊的展演，想着马云、李阳等在万名观众面前激情澎湃的演讲，你羡慕吗？倾慕吗？你想拥有他们那样的演讲能力吗？你想通过演讲吸引消费者和投资者的目光吗？你想让演讲成为创业成功的助推神器吗？

演讲，其实很简单！

准备演讲

1. 找出独特卖点

在向别人介绍创业计划之前，创业者需要很好地了解产品。如果没有真正地花时间和精力去了解自己的产品与竞争产品的最大区别，没有真正去了解自己的项目有何优势，创业者将很难跟别人交流与产品相关的信息，同样，创业者也无法使自己的产品和项目脱颖而出，让目标群众记住。

要了解产品，首先要明确产品的目标客户及其需求、产品的卖点。

钱俊东，创办了陕西省第一例在校大学生的个人公司，现任三人行传媒（西安）有限公司、三人行信息通讯（西安）有限公司和北京橙色风暴校园传媒有限公司董事长兼总经理。

在创业初期，钱俊东就清楚地知道自己想做什么，知道自己经营这个项目的目的是什么，更重要的是，他清楚地了解自己的目标客户以及他们的需求。

他说："我们所做的项目是整合全国高校市场资源和媒体开发，主要有两方面的产品和服务：一是协助企业进入校园，帮助企业推广品牌；二是做校园媒体产品，包括灯箱广告、直邮广告（DM）、食堂看板广告、大学楼宇上的大牌广告和自己研发的新型媒体。我们有很好的广告客户商，其中前五位大客户是中国移动、空中网、中国工商银行、移动运营商、联想集团，他们都拥有独家垄断性的资源，想在校园投广告却没得投，而我可以帮助他们，而且我非常清楚这些客户在校园里投入广告后想得到什么回报。我以'请给我结果'这种营销思路与他们合作，得到客户的巨大认可。"

认清自己的主营方向，抓住关键客户的需求，是创业成功的关键。当然，创业者在介绍产品和项目时，突出自己的特色，即卖点，更是重中之重。

在20世纪中期，达彼思广告公司的著名广告人罗瑟·里夫斯可以帮助创业者发表简明扼要的演讲。里夫斯先生在杂志《广告时代》*Advertising Age* 上发表的一篇自传性文章中，首次提出"独特卖点"（Unique Selling Proposition，USP）这一概念，即"消费者应该购买这件商品的唯一理由，或者这件商品比其他同类商品更好的一个方面”。

通常采取广告语的形式来宣传“独特卖点”。罗瑟·里夫斯先生见证了许多广告语的制作过程，其中有很多广告语至今仍在使用，比如M&M’s巧克力的广告语“只溶在口，不溶在手”。他主张广告宣传活动应该一以贯之，每种产品只对应一条广告语。

创业者要宣传自己的创业项目或产品，可以借助罗瑟·里夫斯的方法，找到自己的“独特卖点”。我们在演讲中最常听到的一句抱怨就是：“他们的演讲我听了三十分钟，可我还是不知道他们是做什么的。”

“独特卖点”其实就是他们所做的事。

2. 巧构演讲思路

(1) 思路一：把演讲写成故事。

一位年轻的妈妈离婚后，带着孩子，勉强申请到一份失业救济金。她想起了多年前在火车上突发奇想构思的故事，于是开始动笔写作。但为了节省暖气费，她只能等到孩子睡着后去咖啡馆写作，而且因为经济拮据，她经常为把钱用来买打印纸还是食物而犹豫不决。她叫J. K. 罗琳，她写的故事叫《哈利波特》。她曾靠失业救济金过活，如今却是身价超过5亿英镑的英国富婆，比英国女王还富有！

分享这个故事，不是为了重复穷则思变、努力奋斗等老生常谈的调子，而是想告诉大家这样一个事实——金钱喜欢听故事！

罗琳写书，要讲故事；创业者找投资人，要讲故事；企业做大了，想上市融资，要讲故事。这些都是“大故事”。

好的演讲需要有好的故事，好的故事让你的演讲更为出彩。

在当今信息爆炸的时代，空洞的、煽情的口号已经很难再引起人们的兴趣和关注。而故事特有的传奇性、曲折性、冲突性、戏剧性、传播性和传承性，使其成为抢占人心最有效、最持久的工具。所以，讲故事被大量运用在传播和管理的各个方面，成为娱乐、导引、告知和说服的最佳工具之一。

如果你是创业者，你需要把创业计划书或者商业模式推销给投资者。投资者和其他一些利益相关者真正想知道的是：如何为客户创造价值？在价值创造过程中如何赢利？这些问题才是创业的故事背景。在准备好创业计划书之后，通过讲故事的方式来介绍计划书或者商业模式才是最理想的。

（2）思路二：突出产品特色。

创业者在向他人介绍产品时，着重突出产品特色是首要的，也是必须做的。正如下面的例子。

有两个创业团队同时为好记星设计新型产品，产品的客户群体和设计风格全由团队自己决定，最终结果表现形式是 3 分钟的商业汇报。这两队商业汇报的演讲稿如下：

队伍一：我们推出的好记星将致力于用更好的办法去帮助每一个人获得成功。我们把这款成人好记星的名字命名为“赢”，它是一款英语沟通学习机。我们把成年人分为求职者和在职者。在很多年轻人心中，好工作和高水平英语是分不开的。整句交流，即拍即译，是“赢”最突出的一个卖点。在外观设计方面，我们注重人体工程学，产品拿在手里相当舒服。这将“赢”作为一个工具放在口袋里，随时随地与需要交流的人进行交流。在技术上，我们的产品优势是可进行中英文目录切换，方便国内的外国人使用。最后，我们产品的定价是 2 380 元。

队伍二：我们产品的目标客户是 20 岁到 35 岁的外企职员，或者是准备进入外企的大学生，以及医务工作者、公务人员或服务业从业人员等。我们产品的卖点是随身外教、互动 MP4、即拍即译和职业定制。用一句话概括就是“一个颠覆、一个创新、一个改良”。产品带有摄像头，摄像功能使学习机输入功能实现一次飞跃。可扫描的即拍即译功能，可以直接拍摄英文说明书，英文在一秒钟左右进入到学习机，立即进行翻译。这是本产品一个非常重要的卖点。产品的名字是“外交官”，属于中高档产品，产品定价是1 980元。

最后，队伍一的产品得到了好记星公司的肯定。通过分析这两个团队的演讲词，可以发现，队伍二的卖点过多，反而使得卖点不突出了。

产品规划，首先要明确应该卖给谁，即用户群的定位和市场的定位。其次是解决需求问题。通过市场调研，发掘用户需求，对消费者需求进行深层次提炼，相应地找到产品的核心卖点。两个团队都有明确的用户群体，但团队二在产品定位时犯了个致命的错误：卖点过多。

在定义任何一个产品时，大部分公司的高层决策者都不太喜欢听到“这个产品有五个卖点”、“这个产品有八个特性”或“这个产品可以卖给十亿人”等，因为这是不现实的。决策者希望将产品细分、细分、再细分，只有产品打动具体的细分市场后，才能慢慢去扩展。

因此，产品一定要有卖点，卖点一定要突出，但卖点不可过多，一到两个即可。过多的卖点反而会使产品没有了亮点。

排练演讲

成功的演讲需要精心的准备，有准备的演讲不一定能精彩、顺利地进行，但是一个没有任何准备的演讲绝对不会精彩、顺利。古训有云：台上一分钟，台下十年功。只有不断地准备和练习，才能做到临场打动其他人，并能达到一鸣惊人的效果。

只有有备而来的演说者，才能拥有自信。一个人上战场，携着有故障的武器，身无半点弹药，还奢谈什么猛攻恐惧之堡？

“我相信，”林肯说，“唯有准备充分的演说者，才配有资格说自信。

我若是无话可说时，就是经验再多、年龄再老，也不能免于难为情。”

丹尼尔·韦伯斯特说：“未经准备而对人演说，无异于以裸体示众。”

乔布斯永远不会给那些没有任何准备的听众带去一场情节安排过于复杂的演讲。在每次演讲前，他都花大量的时间进行整体的排练。这也是他口头表述与大屏幕演示如此精确同步的原因。当他在试图演示 iTunes 的电影租赁功能时，电影海报适时地出现在了大屏幕上面。整个演讲过程都是这么精准地进行着。所以说，乔布斯能够给大家展示如此优秀的演讲，努力排练是功不可没的。

排练演讲，首要前提是记住基本的演说内容。“你需要记住你的演讲词，这样能让你看起来有条理，但同时你也可以观察聆听者，获得任何有关你演讲进行得如何的线索。”奥利里（《电梯演讲要点》的作者）说，“这样，如果你的听众并没有认真听，你就可以采取不同的方法或是截短所说的内容以让他们重新把注意力放在你的谈话内容上。”

要记住演讲内容，而不是逐字逐句地背诵它。人们常逐字逐句地背诵演讲稿，但面对听众时，很可能会遗忘。即使没忘，恐怕讲起来也会机械化。为什么呢？因为它不是来自我们的内心，只是出于记忆而已。私下与人交谈时，我们总是一心想着要说的事，然后就直接讲出，并未特别留意词句。我们一直都是这么做的，现在又为什么要改？

在演讲的排练中，要对时间有准确的把握。如果预计的演讲只有 30 秒钟，而且演说的对象是潜在的投资者，那么建议创业者重点讲如果成功了，公司在五年内将有什么样的变化。

然后，找一个同事、朋友或指导者，大声地演练给他们听，这样才能及时了解演讲是否具有吸引力以及是否容易被人理解。奥利里建议，如果比你大 20 岁的人对此感兴趣，那么你就再找一个比你小 20 岁的人试试。一次真正的演讲应在各个年龄群和各种兴趣的人中都起作用。只有掌握这些，才能有足够的准备来应对每一次演讲，这对创业者尤其重要。

值得注意的是，此时，亲密的朋友和家人往往不能提供一种客观的看法。所以，在寻找演练对象时，最好能找该领域里的专家。克萨斯州奥斯汀的圣爱德华大学商业教授凯瑟琳·史密斯·德莫特提到，最近当地的两个创业者要求见她，目的很简单，就是想在与潜在的天使投资者见面之前，在她面前练习一下他们的电梯演说。“他们首先想到来我这儿，这是非常明智的。”凯瑟琳·史密斯·德莫特说，“我认为他们有一个非常好的产品，所以我慷慨地提了很多如何改进他们演说的意见和建议。”

当然，演讲者要结合别人提出的意见，不断修改演讲稿，这样才能保证演讲切中要害并且可以吸引不同的人群。

正式演讲

精心准备的演讲，就为等着正式演讲来临的那一刻——内心忐忑，怕自己的努力毁于一旦。

其实，不用紧张，演讲是有窍门的。掌握这些诀窍，演讲时就会如鱼得水。

1. 注重第一印象

第一印象在初始见面的三秒内就已经形成。也就是说，在树立“第一印象”的过程中，“该如何做”要比预想的重要得多。因此，演讲者需要注意：

（1）服装和发型是基础。

能够给人留下“良好印象”的人，在服装和发型这些仪表方面都是非常注意的。发型是否整洁、干净？西服套装是否合身？因此，在拜访客户或投资者之前，一定要检查着装：肩部的缝合线是否掉了下来？裤子的长短是否合适？领带、衬衫和西服套装的颜色是否搭配？皮鞋是否干净？

（2）表情是销售的重要工具。

在与客户或投资者交流时，要保持面带微笑。

不要因为想给对方留下冷静的印象，所以不笑。在很多场合，过于冷静总是让人感觉不太和蔼可亲。

有些场合，必须向听众（如潜在投资者）说一些难以表达的事情。有些场合，要进行残酷的交涉，如果那时候没有笑脸，就会给对方一种非常严厉的印象。为了缓和“剑拔弩张”的气氛，微笑是非常必要的。

（3）自信增加砝码。

无论是谁，增添一点自信，都可以离梦想更近一步。而做到自信，只需要一个自信的榜样、一部摄影机、便签本和笔以及积极的态度。具体做法如下：搜索自己周围那些自信的人，想想他们的性格特质和习惯，然后记录下来，慢慢学习并塑造自信；把自己的优点列出来，包括个性、专业及工作等方面，经常看看自己的优点，是给自己最大的鼓励；用摄影机记录下在一个极需要自信的场景下自己扮演的角色；回顾自己的表演，从动作和手势入手，人的紧张情绪通常表现在肢体动作上，比如紧绷的肩膀、紧握的拳头等，想办法改掉这些习惯；注意说话的语调和措辞，自信的人讲话清晰明了，容易让人接受，用肯定的词可以增添自己的力量和信心。

2. 运用演讲技巧

（1）注意肢体语言的运用。

心理学者 Albert Mehrabian 提倡这样的说法：在与别人交流时，把讲话一方给听众留下的印象划分为四个要素，其中表情和肢体语言等占

55%，音质和语速等占38%，说话的内容只占7%。

我们无法追寻这些统计数字的根源，因而我们不能盲目相信这些统计数字。但有一点是可以确定的，那就是在交流过程中，肢体语言是非常重要的。

最常见的非语言反应，比如听众扬起眉毛，就是典型的吃惊或怀疑的表情。当然，通常情况下，与这个动作一起出现的是睁大眼睛和张开鼻孔，这个表情不一定表示反对，实际上，它可能表示你证明了自己的观点，听众同意你的看法。讲话者舔嘴唇，一般来讲，这个动作表示讲话的人在撒谎，在误导听众，或者他言过其实；捏鼻梁，通常这个动作还会伴有闭眼睛的动作，它通常表明深度抵触等。

演讲者在观察听众的反应时，听众也在观察演讲者。面对听众的观察，切忌紧张、不自然，最简单的方法就是刻意地保持开放的姿态，越自然越好。

（2）声音和腔调。

声音和腔调乃是与生俱来的，不可能在一朝一夕有所改善。不过音质与措辞对整个演说影响颇大，这倒是事实。根据某项研究报告指出，声音低沉的男性比声音高亢的男性给人的信赖度更高，因为低沉的声音会给人一种威严、沉着的感觉。讲话语速稍慢一些，声音低一些，就能够给人沉着、冷静的感觉。讲话语速快，易给人一种神经质的感觉。讲话声音粗的人，即使讲话语速快、音量高，也很难给人不好的印象；而讲话声音细的人，如果采用同样的讲话方式，就容易给人一种“神经质”的感觉，当然会给人不好的印象。

不管声音是怎样的，重要的是将自己的信息清楚地传达给听众。即使是音质不好的人，如果能够秉持自己的主张与信念，在说到关键处有意识地停顿一下，用通俗易懂的话说出来，仍然可以吸引听众的热切关注。

第二节　电梯演讲

专栏作家佩姬·努南在《华尔街日报》上发表过一篇文章，讨论奥巴马总统正面临的一系列艰巨任务——经济危机、环境、医疗改革、伊拉克问题、阿富汗问题、伊朗问题及朝鲜问题。文中提到了克莱尔·布思·卢丝的一段话。卢丝女士是20世纪著名的编剧、新闻记者、前美国驻外大使和国会议员，她谈起1962年在白宫与老朋友约翰·肯尼迪总统的对话。当时，她告诉肯尼迪总统："每一位伟人都可以用一句话来概括。"

努南女士把这定义为可仅用"一句话"描述的领袖人物，你无须听到他的名字，就知道是在谈论谁。例如"他维护了合众国的统一，解放了奴隶"，或者"他使美国彻底摆脱经济大萧条，并带领美国取得第二次世界大战的胜利"，不必赘述，你就知道说的是林肯和罗斯福。

"一句话"的建议同样适用于商业领域。就像我们经常提到的电梯演讲——当你踏入电梯时，忽然看到一位你苦苦寻求与之交流的大客户或投资者，你该怎样向他介绍你的业务。毫无疑问，需要在对方走出电梯之前极短的时间内完成任务。然而不幸的是，大多数类似的演讲都需要乘坐如同纽约帝国大厦的电梯那样长的时间，就像努南女士对奥巴马总统评价的那样，需用"十段话"。

电梯演讲正逐渐演变成当今社会一种非常流行的推销方式。

电梯演讲追根溯源

最早的电梯演讲来源于麦肯锡公司，那是一次沉痛的教训。

该公司曾经为一家重要的大客户做咨询。咨询结束时，麦肯锡的项目负责人在电梯内遇到对方的董事长，该董事长问麦肯锡的项目负责人："你能不能说一下现在的结果呢？"由于该项目负责人没有准备，而且即使有准备，也无法在电梯从30层到1层的30秒内把结果讲清楚。最终，麦肯锡失去了这一重要客户。

从此，麦肯锡要求公司员工：凡事要在最短的时间内把结果表达清楚，凡事要直奔主题、直奔结果。麦肯锡认为，一般情况下，人们最多记得住一二三，记不住四五六，所以凡事要归纳在3条以内。这就是如今在商界流传甚广的"30秒钟电梯理论"或称"电梯演讲"。

狭义的电梯演讲，是指在电梯里只有30秒的时间，向一位事关公司前途的大客户推广产品且必须成功。广义来讲，电梯演讲就是指在很短的时间内，向潜在客户或投资者推销、介绍产品或者项目，它要求用简短的语言，突出所要推销产品或项目的特点，或者突出自己的特色，以此吸引对方的注意。在正常情况下，创业者一般很难见到投资者，如果创业者能够创造电梯演讲的机会，在电梯里"抓到"潜在的投资者，并将自己的项目向潜在投资者解释清楚，真正可行的项目就极有可能获得投资者的青睐。

无所不在的电梯演讲

在现阶段，电梯演讲的应用范围越来越广，具体表现在以下几个方面：

1. 职场升职

在私营、外资企业公司上班的员工，除了认真工作、逐步提升之外，在工作场所遇到老板是千载难逢的晋升机会，谁都不想在被老板问起姓名和工作情况时吞吞吐吐，错失升职机会。如果能够对答如流，向老板简短地介绍自己，自然会给老板留下好的印象。试问，有哪位老板不喜欢表达流利的员工？

2. 大客户营销

抓住一个大客户，找到核心客户，就有一种开张吃三年的感觉。然而，很多大客户是不容易见到的，他们没有时间看计划，没有时间见经销商，很多事情都被阻挡在下级经理或者秘书那里。这时候，就要借助其他场合巧妙地见到大客户。停车场、咖啡馆、公司电梯、写字楼大门口、洗手间都是可以“守株待兔”进行电梯演讲的好场所。

与客户谈项目，在电梯里搞定也是一种途径。对于创业者来说，争取大客户的电梯演讲，就是在从办公楼大厅到 VC 办公室这段乘坐电梯的时间内所做的游说。在这一分钟内，如果创业者的创意吸引了大客户的注意，那么创业者很可能会被请到办公室，否则，极可能被保安轰走。在很短的时间内把创业想法表述清楚，是每个创业者必备的能力。

3. 寻找投资

对于创业者来说，如何用最有效的方法向风险投资者和媒体介绍产品和项目呢？电梯游说（elevator pitch）是创业者必备的技能。“阿里巴巴”前任 CEO 马云认为自己很傻，“像阿甘一样简单”，但是他很会说话。马云第一次向“软银”老总孙正义融资时，原定 1 个小时的讲述，马云刚讲了 6 分钟的公司目标，孙正义就拍板说：“我决定投资你的公司。”第二次，马云又坐到孙正义面前，整个过程不到 3 分钟，马云就获得了孙正义 3 500 万美元的投资。实践证明，说得多是没有用的，关键是说到点上，可以抓住对方的关键点。

4. 创业比赛

目前，全国各高校普遍开展“挑战杯”等创业设计大赛，用来挖掘商业新星。大赛的一个重要环节就是电梯演讲，用来增加比赛选手的区分度。演讲选手需要在限定的时间内简要地介绍自己的创意，博得听众的好评，赢取创业基金。

近20年来，“挑战杯”等创业设计大赛以前所未有的力量席卷全中国，在高校青年中掀起了创业浪潮，激发了无数青年学生的创业激情。他们在参加创业大赛的过程中追寻着、体验着、实践着，完成了从“思想者到实践者”的蜕变。

当下，很多投资公司热衷于在高校举办“一分钟电梯演讲”，如美国风险投资基金 Trilogy Ventures 赞助清华、北大、复旦等名校“秀出创业金点子，一分钟赢取 3 000 元”，泰乐琪风险投资公司赞助上海交通大学创业学院等。

备战电梯演讲

1. 内容准备

想让自己的电梯演讲出彩，靠临场发挥是万万不够的，因为很少有人具备极出色的即兴演讲能力。

《电梯演讲要点》作者克里斯·奥利里（Chris O' Leary）建议读者坐下来，拿出一支笔和一张纸来一项项罗列出自己电梯演讲的思路。“事实上，你必须把电梯演讲写出来，用书面形式表示出来。”他说，“而大部分人不愿意把整个电梯演讲写出来，其原因是他们害怕第一遍写出来的东西很糟糕。这就更要写在纸上，然后再进行修改完善。”

在准备演讲内容时，要对所阐述的内容有大致的规划。

作为一个创业者，所撰写的创业计划书一定涉及了很多内容，例如创业构想、目标市场分析、财务管理、生产运营、组织人员、团队建设，等等。

面对一堆内容，什么才是重点，往往使创业者陷入困惑。其实，重点就是“你想干什么”。作为一个创业者，如果有幸将创业计划展示给李嘉诚、马云看，这时你想说的，就是需要融入电梯演讲里的内容。

另外，要对演讲稿有大致的时间分配。由于不同场合对“电梯演讲”的时间要求不同，此处我们仅以“60 秒实战”为例。

25 秒：要做什么。

要做什么？产品是什么？目标客户是谁？市场规模如何？相对其他产品，产品的最大竞争力是什么？即产品卖点。

25 秒：什么优势。

核心竞争力是什么？如技术、团队等。为什么能够赢利？有怎样的模式？如何运营？充分展示自己的优势。

10 秒：风险投资者的收益。

预期目标是什么？风险投资者有怎样的收益？风险投资者的退出机制是怎样的？

如果是参加创业大赛的选手，那么 1 分钟电梯演讲是必须应对的环节。选手需要分配演讲稿的时间，我们称之为“60 秒比赛”。

35 秒：主打内容——要做什么。

要做什么？市场是怎样的？关键成功要素在哪里？即核心竞争力是什么。例如，拥有优秀团队的支持、掌握先进技术等。切记不要把计划书内容全部搬来，计划书是留给评委详细评审的。

20 秒：核心关键——要怎么做。

如何开展业务？用精练的语言介绍营销、财务、人力管理等方面的计划。

5秒：结束语。

例如“谢谢”“希望提出意见”“希望给予支持”，等等。

下面是两个麻省理工学子的电梯演讲。

电梯演讲1：火箭发射器

在上个十年发射的卫星中，有一半都不到200磅。如果美国宇航局(NASA)、美国军方以及其他公司都使用我们的火箭技术，在发射上，他们可以节约95%的成本。我们队由麻省理工和杜克大学的工程师组成。我们受蒸汽机车原理的启发，设计了新型的火箭引擎。这个设计体积只有原先的1/4，整个引擎也没有可活动的部分。它们可以将小型火箭送入轨道。这个设计很简单，使得引擎可以批量生产，大大削减了成本。下个十年，如果每个小型卫星都使用我们的技术发射，可以节省下10亿美元。我们的目标客户是NASA以及通讯公司，然后进一步拓展业务，使大学甚至个人等新兴客户群都使用得起空间技术。

电梯演讲2：蜜蜂疫苗

嗨，我叫Noah Wioson Rich，我在塔夫茨大学读生物学博士，下个月就毕业了，在这里我要跟你们讲一个与众不同的东西：蜜蜂疫苗。2007年，我们接到报告说，很多蜜蜂死于一种叫蜂群衰竭失调的离奇现象。蜜蜂们仿佛人间蒸发，连尸体都找不到。蜜蜂有着极为重要的经济和生态学作用，它们是超过130多种作物的传粉者。考虑到蜜蜂传粉者的角色，这是一个160亿美元的市场。而我呢，在读博士时研究了蜜蜂的免疫系统及其调节作用。2009年，我参加了一项比赛“一个改变世界的想法”，获得了1万美元的奖励。我用这笔钱申请了一项蜜蜂疫苗的专利。

三个星期前，我们发现了一种真菌，它是造成蜜蜂死亡的罪魁祸首。我现在正在寻求资金开发抗真菌疫苗。

假设你是一个非常热爱科学事业的公司总经理，这两个学生来向你推销他们的项目，你在听了他们的电梯演讲后，你更愿意资助哪个呢？我想答案是不言而喻的。

第一个电梯演讲中，演说者在 1 分钟内，明确说明了自己产品的独特之处：体积小，便于批量生产，可以节省成本。用数字（如节约 95% 的成本，节省下 10 亿美元）鲜明、具体地吸引你的注意力。点明目标客户是 NASA 以及通讯公司，然后进一步拓展业务，使大学甚至个人等新兴客户群都使用得起空间技术。整个演说的目的性极强。

相比之下，第二个演讲——蜜蜂疫苗，更像是一个自我推荐或是个人经历的展演。除了知道这将是有着 160 亿美元价值的市场外，对产品特点以及产品面向的目标群体没有清晰的概念。明明是向潜在客户推销自己的产品，在时间本来就不充分的情况下，却用大量时间描述个人经历，而相关产品的特性却没有很好地描述，给人一种本末倒置的感觉。

当然，如果你对蜜蜂疫苗项目本身就非常感兴趣的话，或许你会进一步询问它的目标市场，以及对人类疾病防御的贡献等问题，但如果你听了项目名称后就没有感觉，听了电梯演讲后还是一头雾水，那么第二个学生推销成功的概率几乎为零。

再来看看国内一位大学生创业者的 1 分钟演讲稿：

抗菌多肽杀菌喷雾剂开发与推广（修改前）

简单来说，抗菌多肽是一类从生物体内提取的抗菌物质，原料是氨基酸，是一种高科技新型生物抗菌材料。相对市场上其他传统的杀菌物质和技术，抗菌多肽的优势在于：①对人体完全无毒无害，皮肤可以直接接触；②具有广谱抗菌性，抗菌杀菌性能强；③长期使用不会使细菌产生抗药性；④目前团队已经掌握了多肽的合成和提纯技术，只需引进多肽合成仪器即可进行合成。

我们将基于抗菌多肽开发出一系列空气清新剂产品。

第一阶段，我们力求产品推出后，迅速实现扩大销售额以及品牌知名度的目标。首先需要有足够大的消费人群和销售空间，因此第一阶段我们把产品定位为万用型的杀菌喷雾剂。主要针对家庭消费者，因为家庭私人环境对卫生、健康以及安全性要求最高，本产品各方面都满足了家庭使用需求的特点，且暂时没有强有力的竞争者。

第二阶段，待产品和技术成熟、客户稳定、品牌有了一定的知名度后，根据市场反馈和客户需求细分来完善我们的产品种类，比如婴幼儿用品杀菌剂、汽车杀菌清新剂、家具杀菌剂等。

抗菌多肽杀菌喷雾剂（修改后）

大家好！我们是广州华肽生物科技有限公司员工，我们的项目是抗菌多肽杀菌喷雾剂的开发与推广。这是我们的产品样图。

我们的产品将分为三种规格：100毫升随身装、300毫升家庭装和巨无霸装，分销给经销商的利润为5~8元。(15秒)

我们的产品技术有三大优势：一是完全无毒无害；二是具有广谱抗菌性；三是不会产生抗药性。其中完全无毒无害是我们相比其他竞争者的核心优势。

人员配置上，我们有博士研究团队。关键技术上，团队已掌握抗菌多肽的合成和提纯技术，引进多肽合成仪器可低成本进行合成。(35秒)

第一阶段我们将开发万用型杀菌喷雾剂，面向家庭消费者，市场已有竞争小，万用型销售空间大。第二阶段我们将根据市场反馈和客户需求进行产品系列细分。(45秒)

消费者越来越注重身体健康、家庭卫生，而市场上已有的产品几乎都有安全缺陷。

我们产品的经营计划是：第一年达到损益平衡，并多出20万~30万元利润，预计到第三年我们能获得450万~600万元的净利润。(60秒)

作为一份参加比赛的电梯演讲稿，我们明显感觉到了修改前后的差别。在最初的演讲稿中，演讲者向我们说明了抗菌多肽是什么，为什么选择抗菌多肽，他们打算做什么以及怎么做。结构上是清晰的，但是语言太过冗长，不够精练，过于强调抗菌多肽的特色，而忽视了抗菌多肽杀菌喷雾剂产品本身的特色。作为一支参赛队伍，没有简要介绍自己的队伍或者公司，开场就说产品的原料，这样显得非常突兀，就像你走在路上，忽然被人拦下，直接向你推销产品，而没有把他自己来自哪个公司、做什么的向你说明，那样会令人不知所措。

修改后的讲稿，在开头加入了团队介绍，并加入了图片（产品样图）展示，可以说是图文并茂。在产品介绍时，突出了产品特点和团队优势，产品特点介绍短小精悍，令人印象深刻。团队优势，给他们带来了技术壁垒，从而加强了演讲词的说服力。此外，演讲词中说明了产品定位：面向家庭消费者，并简单介绍了产品的经营计划。这些介绍可以使评委较全面地了解项目。

总之，好的演讲稿没有一成不变的模式，关键是要有自己的特色，比如突出技术特点、团队优势、产品特征，等等。形成自己的特色，把自己的优势凸显出来，这样的演讲才是好演讲，这样的演讲才是自己的演讲。

2. 心理准备

对创业者而言，无论电梯演讲有多么简洁、明智和有用，仍然会有一些人不想听。因而，一定要做好心理准备，学会灵活应对各种情况。

当遇到不感兴趣的潜在伙伴、顾客或者投资者时，要学会利用一些引导性的语言来激发他们的兴趣。

当演讲听众打断电梯演讲时，可以选择继续下去或者停止走开。

如果创业者觉得自己的演讲在被打断之前已经给对方留下了印象，那么在离开之前一定要把自己的名片塞到他们的手里。

如果几乎没有开口讲话的机会，那么请保持自信，直接面对要演讲的听众。

“如果你擅长延长时间，再如果他对此不感到厌烦，那么就明确地要求占用他两分钟时间。”史密斯·德莫特说，“如果他说不，那么就大胆地直接询问他能不能给你一次聊一聊的机会?”

如果电梯演讲被打断了，那么创业者就尝试着让听众到自己的网站上了解更多的内容。另一种方法就是简单地问一个问题，通过问问题让听众了解更多的信息，最终达到建立坚固商业关系的目的。

如果创业者能做到的话，应该开创一个外来网络或者重新连接在线网络。很多电梯演讲是以数字化的形式进行的，所以，试着将自己的演讲带到因特网观众面前。

例如，亿万企业家马克·库班在电子邮件上处理几乎他所有的日常商业工作。如果不能与人面对面或者通过电话沟通，那么你可以以电子邮件的形式表达或者放在网站上，总之，可以通过很多途径达到目的。

随着社会媒体的推广，创业者必须知道如何制作在线演讲，该演讲可以是个性化的，或者是第一千个 Twitter 的效仿者。

“通信和科技新形式仅仅提醒我们成功的法则是什么。”奥利里说，“如今，如果人们越是意识到在线演讲的作用，人们越是感到有好处。”

答辩准备工作

1. 答辩问题

如果你是一位即将参加创业设计大赛的选手，答辩环节会让你既兴奋又紧张。所准备的计划书和专业的解决方案，最终都要在答辩时通过答辩人员向评委和投资者陈述出来。作为答辩成员，必须深刻了解项目的方方面面，知道每一个解决方案以及解决过程。除了具有良好的心理素质外，还应该陈述得清晰有力，表现出自信从容的精神面貌。当然，答辩的准备工作是至关重要的，要以创业者的姿态对待答辩，清晰、直接地把优势展示出来。另外，还需要对评委可能提出的问题进行思考。

第五届“挑战杯”大学生创业计划竞赛获得金奖的团队成员，在赛后回忆他们的答辩题目，总结了几个最难的问题：

第一，数字问题的回答要精确，要明确1年、5年的市场战略以及基于战略的市场容量和增长率，其中包括总体市场和目标细分市场。有些评委会给个假设数字，要求创业者立即给出答案。

例如，给你投资500万元，你如何分配这些钱？在第五年可以回报多少万元？

如果目前的市场容量是100亿元，按照你说的增长速度，第五年市场容量是多少？

第二，市场预测有根有据，回答有条理。无论多困难，都要认真做好细分市场预测。主要有三种方法：消费者调研得知购买比例、类似企业与市场的参考、行业专家预测。

第三，某些评委会问一些比较刁难的问题。回答此问题的关键在于用幽默化解问题，并让评委获得成就感。

第四，对一些容易模糊的概念自己要有一个清晰的认识。例如，注册资本和实收资本是一回事吗？

此外，如果想做好电梯演讲，还要对一些基本问题进行思考，例如：

①产品或服务是什么？

思路：简单地介绍产品是什么，切忌进行过度的细节描述。

②市场是什么？

思路：简单地讨论产品或服务的顾客，他们属于什么行业，他们所展现的市场有多大。

③收益模式是什么？

思路：简洁地介绍如何盈利。

④谁在经营公司？

思路："好马配好鞍"是投资者中流行的一句谚语。简单介绍创业团队的背景和成功事迹。如果拥有一个强硬的董事会，也可以介绍一下董事会成员和他们所取得的成绩。

⑤谁是竞争对手？

思路：没有竞争对手的企业是不存在的，简单地介绍竞争对手是谁以及他们的成就。成功的竞争更加证明了商业模式和工作理念的可行性。

⑥竞争优势是什么？

思路：仅在行业内有一个成功的竞争是不够的，还需要进一步说明公司与众不同之处和所拥有的竞争优势，是分销渠道、是主要的合作伙伴，还是专有的技术。

对这些问题的思考，一定要结合自己的产品特点，只有突出自身特色，才能更好地抓住投资者和潜在客户，为成功奠定基础。下面，是电梯演讲实例中的问题以及精彩回答。

（1）做你这个 IT 业务的人挺多的，凭什么你会比你的竞争者做得好，你有什么样的竞争壁垒？

答：我们的设备上面有 OCR（图形识别），每家安装我们产品的店，都是我们的情报采集器，每一个消费者在店里消费以后，都会通过 GPS 反馈给我们。这个系统，我已经调查过，至少领先国内所有的厂家 9 个月的时间。

（2）你在创业初期组建团队时，是否会用人不疑、疑人不用呢？

答：我所用的人，我一定会给他充分的信息、权力，给他一个很好的授权，并对他进行培训，这样，他是可以做好的。

（3）如果创业过程中遇到资金枯竭的问题，你如何处理这种危机？

答：只有两种办法，第一开源，第二节流。

（4）如果得到了这次比赛的奖金，打算怎样花这笔钱？

答：一是招人，二是迅速圈地。

（5）如果我管理一所大学，你想在这所大学发展广告业务，你有什么方法来说服我？

首先，我会说我们目前已经把全国比较牛的大学都签完了，我会拿着他们的产品给你看。其次，这些学校和我们合作以后，我们还会支付一定的赞助费。

（6）其他一些公司在校园做传媒，做了很多年都不太成功，原因是什么？

答：这个问题是问我们企业的核心竞争力是什么？第一，我们拥有上游的资源。我在上大学的时候，就是陕西省第一个大学生创业的典型，而且是到现在还没有死的公司。这些年来我每个大学都跑，和很多高校有密切的合作关系。第二，我们有很好的广告客户市场，大客户有中国移动、中国工商银行、联想集团等。我们非常清楚这些大客户在校园投入广告以后想要得到什么回报，我以“请给我结果”这种营销思路为大客户服务，得到了客户的巨大认可。

（7）情景假设。

两年以后，你所拥有的公司已经比较成功了，有一个员工是你最初团队的功臣，在公司成长过程中立下了汗马功劳。可是两年以后，这名员工没有不断学习使自己跟上公司的发展，已经不适应公司的发展需要。此外，公司的其他成员对他也产生了很大的意见。可以说，此时的他已经成为公司发展的绊脚石。针对这种情况，你将怎么办？

答：首先，我会和他做一次仔细的沟通，提醒他现在出现的问题，希望他能够在一个非常短的时间内有所学习和改进，并取得一定的成效。其次，这期间，我会先把他调到其他部门，而不是在核心团队工作。最后，如果在我给他限定的时间内，看不到他的进步，那么我会毫不犹豫地把他请出我们的核心团队。

2. 答辩技巧

（1）陈述的技巧。

①脱稿汇报。

虽然已经准备好了答辩演讲，并已经熟记，但不要一字不差地把它重复出来，而是应该用自己的语言进行完整的叙述，书面语和口语之间的转化也是很必要的。

②重点突出。

如果汇报时间很短，那么，就像推销产品一样，介绍该产品的优势或与众不同的地方，让评委了解该产品的重要性、意义和创新点，这样就足够了。

③抓住兴趣。

评委们最想听什么？他们最关心的东西是什么？最想从参赛者那里得到什么启示？这些都会在与答辩者的交谈中透露出来。只有用心分析，找出评委的兴趣点，才能真正吸引评委的注意力。

④掌握时间。

在规定时间内，把要汇报的主要内容交代清楚，分清先后主次，一定要合理分配时间。试着用前面介绍的两种时间分配方法来掌控时间。

（2）回答的技巧。

①听清问题再回答。

进入答辩环节，评委提出问题，要记清问题是什么，当不清楚时可以再向评委确认一下，得到肯定答复后再开始回答。千万不要没听清楚问题就开始回答，答非所问会让评委反感。

②围绕作品回答。

任何情况下，都不要离开作品回答问题。如果不结合作品，很容易离题万丈，讲多错多。

③不会回答时要诚实。

评委提出的问题，不会回答怎么办？千万不要不懂装懂，还是如实告之为妙，切不可强词夺理。可以直截了当地告诉评委："这个问题我还没有考虑过。"或者"您这个问题提得很好，我会做进一步的研究。"

第三节　借展示为演讲增光添彩

确定展示方案

1. 展示内容

评委没有很多的时间去详细看创业计划书，他们对计划书的深入了解是从展示人员的陈述或演讲开始的。

要吸引评委的注意力，引起他们的兴趣，就要看你如何将厚厚的创业计划书变薄了。

在展示内容的选择上，应该始终遵循这样一个原则：综合考察评审作品的科学性、先进性、现实意义和综合权重四方面因素。站在评委和风险投资者的角度考虑问题，将整份计划书的精要陈述出来。

评委和风险投资者最想知道什么呢？围绕四方面因素以及创业大赛成功者的经验，下面论述的八大板块是比较合理和科学的展示内容。

（1）问题引出。

公司为什么要生产这种产品？一定是该产品有巨大的市场需求。在问题引出这一部分一定要有冲击力。例如，有什么市场背景，有多大机会，有什么样的市场空白等。用数据和事实说话是最好的方式。

例如，在广东省第五届“挑战杯”大学生创业计划大赛中获得金奖的队伍，他们的产品是“乳腺癌辅助诊断系统”。他们的开场是一段视频，讲述了很多我们熟悉的女性因为乳腺癌而离开了我们。近年来，社会也越来越关注乳腺癌患者，许多演艺界女明星发起的粉红丝带活动正火热进行中。视频中有哀伤的音乐、有严肃的配音，加上粉红丝带活动的宣传海报，视听效果十分有冲击力和震撼力。这样就可以使听者感觉到危机的严重性，公司的产品就可以很自然地引出。

（2）产品介绍。

一般的产品主要分为技术类和服务类两大类。

在介绍技术类产品时，主要涉及以下内容：

①技术壁垒。

所谓技术壁垒就是该项技术别人无法超越和模仿。这也是公司最基本的生存支撑点。如果技术没有任何壁垒，所有竞争者都可以轻易模仿，公司在技术方面也就没有一点竞争力，市场状况更是可想而知。

②依托单位。

本技术依托于何单位，这是对技术权威性和可信性的描述。一般而言，有了权威单位的支持，产品的市场信誉度会较高。

③产品介绍。

根据产品的差异性，选择不同的介绍内容，但是一定要把产品讲清楚，具体到产品是卖技术还是卖服务，是卖原料还是卖完全品。产品有何特色，即产品的卖点是什么。

介绍服务类的产品，主要内容大致包括：

①理念基础。

如何从广大的市场中挖掘出机会，出于什么样的理念开办此服务。这是公司存在的基础。

②具体服务介绍。

包括服务项目、具体内容、服务流程、服务特色等。

（3）环境分析。

环境分析主要包括外部环境分析和内部环境分析。

外部环境分析一般包括：宏观环境分析（包括经济、政策、技术和社会）、市场分析、行业分析、技术分析和顾客分析。

内部环境分析包括：技术资源、人力资源、组织资源和财务资源等。

（4）公司战略。

这部分内容主要包括：公司的使命与目标；公司的理念和文化以及公司的发展战略。

公司的发展战略包括：

扩张战略：如第一、第二年先开拓某城市的市场，第三年开始向周边地区辐射，最后再占领全国市场。

增长战略：即在几年时间内预计客户或市场的增长量。

发展规划：包括市场的发展、产品的延伸和管理的发展等方面。

（5）市场分析。

市场分析主要包括目标市场细分、目标市场选择以及目标市场定位三大部分。

目标市场细分：展现需求差别因素，把某一整体市场划分为若干具有不同需求的群体。

目标市场选择：通过对市场进行细分，发现一些潜在需求或未被满足的需求，结合自身的目标和资源，分析竞争情况，寻找到理想的市场机会。

目标市场定位：根据竞争者现有产品在市场上所处的位置，针对顾客对该类产品某些特征或属性的重视程度，为本企业产品塑造与之不同的鲜明形象。

（6）营销策划。

营销组合策略是这部分的主要内容。在该部分，通常是按照营销学中的产品、价格、渠道、促销向评委陈述，这样不仅可以将创业团队的营销策略清楚地展现出来，同时也更加有条理。

（7）财务管理。

财务部分必须提及的内容如下：资金来源与股本构成；利润预算；相关财务指标，如投资效果评价指标、收益财务指标等；盈亏平衡分析以及资本的退出方式。

（8）风险管理。

包括风险评估和风险防范。

2. 展示形式

（1）展板。

评委来到竞赛现场，最先看到的就是展板。因此，展板的设计非常关键。展板的设计往往有尺寸要求，如何在一块小小的展板里展现出设计的精华，是个值得思考的问题。

版面设计是展板制作的重点，也是难点。人们在接受信息的过程中有求真、求新、求短、求近、求情和厌教的心理活动，具体而言，就是人们往往喜欢真实可信的，新鲜、新奇、新颖的，简单明了、短小精悍的，富有人情味、动之以情的，没有说教的信息。因此，在设计展板时，要充分考虑如何适应目标人群的心理特征，保证传播效果。

版面形式的选择。展板通常有文字版面、图片为主版面、图文并茂版面三种形式。选用哪种版面形式要根据目标人群的特点、展板的主题内容、经费、技术水平等客观条件来综合考虑决定。

版面的色彩、花边以及字体的变化是为了突出主题，并且吸引观众。就人的视觉效果而言，上半部大于下半部，左半部分大于右边部分，左上部注意价值最大，所以一般把重要内容放在版面的左上方。色彩的搭配要尽量与主题一致，与人们的视觉感受、心理感受相协调。有时，选择线条简洁的花边，能使版面层次条理清晰，便于阅读。

在展板的设计中，请注意这几个经常出现的问题：

①针对性不强。有些设计人员往往忽视对目标人群的需求分析，从自己的主观愿望出发，使展板传播的信息或已熟知，或者根本不感兴趣，导致针对性不强。

②缺乏科学性。有些人员随意采用其他与作品不相关的素材进行设计，随意增减、拼凑、编造或者采用已过时的，甚至错误的信息，导致展板缺乏科学性，甚至信息失真。

③主题不突出。有些展板往往没有重点或重点不突出，内容平铺直叙，目标人群看后把握不住要点，容易造成误解。

④文字不简洁。展板的制作切忌堆砌文字。通篇文字，主次不分，显得枯燥乏味。

⑤色彩搭配不协调。主要包括以下几种情况：色彩过于单调，缺乏

视觉冲击力；色彩变化太多，令人眼花缭乱；文字、图片与展板色相近，不容易辨别。

（2）实物。

实物一般是指实际产品、模型，具有极强的说服力和吸引力。

科技发明类的作品做出实物模型当然非常必要，这有助于评委了解作品的机械构造和技术体系。社会调查类的作品也可以把调查模型和思路做成模型，这有助于评委了解参赛者的研究思路和研究体系，为作品争得更多的分数。

什么东西要做成模型？原则上是那些最核心、最难以想象的部分。模型不宜过多，最多两个，它是作品的高度概括，必须简明扼要、思路清晰。

例如，在第六届"挑战杯"中国大学生创业计划大赛公开答辩的会场中，当评委向南京航空航天大学的团队提出疑问，怀疑其产品"无人搜救直升机"的性能和效果时，其团队并没有急于回答，而是非常从容地将其展品模型启动。随着直升机模型在会场中盘旋，大屏幕上清晰地显示出整个会场的实况。如此一来，评委的疑问迎刃而解，现场也报以雷动的掌声。最后，该团队获得了全国赛的金奖。

在全国第八届"挑战杯"竞赛中，获得特等奖的科技发明类作品"保安巡逻机器人"，其靓丽的实物模型栩栩如生地展现在评委面前，让评委眼前一亮。据了解，在制作实物模型的前期，参赛团队一直在努力寻找一种最适宜的载体，让载体的形象与作品的题目"保安巡逻机器人"能够完美地结合。最后他们把实物模型制作成了一只可爱的小狗形象，恰如其分地诠释了"保安巡逻机器人"的传统意义和科学意义。

（3）PPT 展示。

PPT 展示是最关键的部分，也是必不可少的部分。

PPT 的制作要考虑两方面的问题：一是 PPT 的风格；二是 PPT 的内

容安排。

PPT风格，是反映主题的主基调，最好与计划书的风格协调起来，保持风格前后的一致，共同突出产品的某种风格或者团队的某种精神风貌。

背景作为风格体现的重要因素，能够反映很多思想。背景颜色，比如红色展现激情、蓝色代表专业、绿色体现环保。根据团队和项目的特点选择一种适合表现自身的背景颜色。建议背景当中不要选用太多的色彩，免得评委眼花缭乱。背景图案，参赛团队可以尝试将公司或者团队的LOGO做成暗纹应用于背景当中。但要注意，图案的选择要尽量简单大方，这样才不至于给人喧宾夺主的感觉。

版式的安排没有特别要求，但是规范和统一是必不可少的。

PPT的内容，是参赛选手要考虑的重点。PPT首页设计要美观，在一致性的基础上，要增添团队项目的个性设计。PPT的内容设计，要确定一个整体展示思路。一般情况下，这个思路和前面介绍的展示内容一致，包括问题引出、产品介绍、公司战略、市场分析、营销组合、财务管理等。通常，需要在每一部分之间加入一张提纲型PPT，便于向评委展示一个清晰的思路。

呈现卓越风采

1. 塑造形象

（1）头发的美化。

何谓“从头做起”？在赛场上展示计划书，就是要从“头”做起。

按照一般习惯，注意人或打量人，往往都是从头部开始。展示人员的发型要特别注意：

①发型得体。

在竞赛这种正式场合下，展示人员切不可将头发剪得过于个性与时尚。自然、端庄、大方往往是最佳状态。

②长短适中。

尤其是男生，在这种场合留长发是极不妥当的，一定要记得，男生的头发前不盖眉，侧不掩耳，后不及领。而女生应该把头发盘起来，或将长发披肩梳理整齐。

（2）面容的修饰。

面容是仪表之首，是个人素养的综合体现，也是最为动人之处。参赛者能否打动评委的一个关键因素就是其面容，所以，对面容进行修饰是尤为重要的。

男生面容的基本要求：答辩前，男生宜剃须修面，保持卫生，给评委整洁大方的形象。不修整面部就去参加展示，这是对评委极不尊重。

女生面容基本要求：走进赛场前，女生可以淡妆修饰。女生在现场展现出来的应该是职场女性的形象，其装饰应该以清新、自然为宜。切忌浓妆艳抹、矫揉造作，这样会给评委造成不自然的感觉，显得格外俗气。

（3）服装的准备。

服装是展现团队风貌的重要途径，下面给大家几点着装的建议。

①整体适当。

整个团队应该注意服装搭配的一致性，保持专业性。当然，整齐并不意味着整个团队都穿正装，服装的选择可以综合考虑公司所处的行业、提供的产品以及团队成员风格特点等因素。适当花色的服装搭配不仅可以提升整个团队的形象，而且还可以使团队在整个展示中脱颖而出，展示出团队风采，令评委耳目一新。

②搭配协调。

款式、色彩、佩饰相互协调。

③体现个性。

不同的参赛团队有不同的项目，团队在保持其专业性的同时，还要体现其个性。另外，服装也要考虑男生与女生之间的差异，把男生沉稳的个性和女生端庄的魅力展现出来。

此外，服装还可以与参赛学校所处地域的风土人情、办学理念、校园文化等因素结合。例如，我们可以在赛场上看到参赛者身着少数民族的服装。

④遵守常规。

遵循约定俗成的着装规则。例如，男生的西装应当拆除袖口上的商标后再穿；西装口袋不应存放随身物品等。

2.“语言”丰富化

（1）微笑。

微笑是人生动、多变感情的表达语。微笑作为一种“情绪语言”，可以有效地向评委展示出友好、尊重的情感信息，从而拉近与评委的距离。

微笑是发自内心的、自然坦诚的感情流露，切不可故作笑颜、假意奉承，以免弄巧成拙。微笑时嘴角两端略微提起，面含笑意，亲切自然。

此外，微笑时要注意嘴和眼的结合，微笑与语言、仪表、举止的结合。

（2）眼神交流。

眼睛是心灵之窗，它能够如实地反映出人的喜怒哀乐，传达出最细微、最精妙的差异，表达出最确切的信息。在展示和答辩环节，通过眼神可以传递出对自我的肯定、对队友的信任以及对评委的尊重。

在展示过程中，要不时地与台下评委进行目光交流，既表现出自信，又表示出对评委的尊重和友善。

（3）手势多样化。

古罗马政治家西塞罗曾说："一切心理活动都伴有指手画脚等动作。手势恰如人体的一种语言，这种语言甚至连野蛮人都能理解。"手势作为身体语言中最有表现力的一种方式，表现得得体适度，可以起到锦上添花的作用。

在将本团队的项目计划书递交给评委时，应双手将计划书在胸前递出，并使计划书的下侧对着评委。

在台上站立时，男士应当双臂自然下垂，同时将左手搭于右手手背上；女士应当左手搭于右手之上，并置于腹部上侧。

当向听众解释某个问题时，要使一只手自然放在一边，或采用手心向上的动作，这样显得坦白而真诚。发言中说教式的动作并不能获得信任，只会引起别人的反感。

当配合 PPT 向评委解释时，身体应微转并将右手缓缓抬起略微高至头部，同时，以肘为中心，手臂呈现弓形，面朝向评委，面带笑容进行展示。

3. 体态专业化

体态主要是指站、坐、走应有的姿态。

（1）站姿。

作为展示人员，在保持站姿时，两脚跟相靠，脚尖分开 45°～60°，身体重心放在两脚上。两脚并排，腰背挺直，挺胸收腹。抬头挺直脖颈，双目向前视，嘴唇微闭，面带微笑，微收下颌。切忌站立时无精打采、东倒西歪。

（2）坐姿。

如果展示台设有座位，在入座时要轻而稳。女士着裙装要先轻拢裙摆，而后入座。面带笑容，双目平视，嘴唇微闭，微收下颌。双肩平正放松，两臂自然弯曲放在膝上，也可放在椅子或沙发扶手上。立腰、挺胸，上体自然挺直。双膝自然并拢，双腿正放或侧放。至少坐满椅子的2/3，脊背轻靠椅背。起立时，右脚向后收半步，而后起立。谈话时，可以侧坐，此时上体与腿同时转向一侧。

（3）走姿。

展示团队在上台演讲时，走姿是非常重要的。评委可以从展示人员的走姿中判断展示人员是否自信或紧张。另外，在答辩以及下台时，走姿可以反映出答辩人员的态度及参赛状态。

行走时，步伐稳健有力，双目向前平视，面带微笑。上身挺直，挺胸收腹，重心前移。手臂伸直，手指自然弯曲，双臂自然摆动，摆动时上臂带动前臂向前，手臂要摆直线，肘关节略屈，向后摆时，手臂外开不超过30°。

第四节　案例研究

“赢在中国”冠军演讲

创业、创新成为这个时代最流行的时尚，为企业积累财富、为国家贡献税收、为社会创造就业是这个创业时代最深处、最本质的需求，创业者、企业家成为这个时代被推崇的英雄。2006年、2007年、2008年，中央电视台连续开启三届不同以往意义的节目，即大型励志创业电视活动——“赢在中国”。它联手中国最具创造力的企业，集合国际最具活力的创投资金，调动全方位的推广手段，为中国的创业者打造一个展示才华、实现理想的舞台。

“赢在中国”获奖选手的奖励也是极为丰厚的。比赛共选出 6 名优胜选手，冠军将获得一家注册资本不低于人民币 1 000万元的新设企业经营，亚军将获得一家注册资本不低于人民币 700 万元的新设企业经营，第 3、第 4、第 5 名将各获得一家注册资本不低于人民币 500 万元的新设企业经营，第 6 名则获得注册资本不低于人民币 300 万元的新设企业经营。优胜选手将出任该企业的 CEO，拥有企业 20% ~50% 的股份。此外，为每位获胜选手抽出 150 名原始股东，共同占有企业 15% 的股份。“赢在中国”第一季的宋文明凭借着自己的实力和创意博得评委和大众的青睐，成为第一季的冠军，获得一家注册资本不低于人民币 1 000 万元的新设企业经营。他短暂的演讲相当精彩，重点突出，创业项目可行性极高。下面便是宋文明当时演讲的内容：

“大家好，我是 17 号选手宋文明，我的创业计划是建立一家专业的人力资源服务供应商，以劳务派遣的方式为长三角地区的电子和信息类生产厂家提供劳务服务，目前这一类企业每年新增 20 万的劳务派遣用工需求量。我们的商业模式便是基于客户的需求，在劳务派遣的同时将我们的业务向产业链两端延伸。第一是在供应端，设立一个模拟工厂生产的实习生产线。第二是需求方，因为电子类的产品种类非常多，并且它的市场变化很快，要求厂家灵活生产。同样，为满足厂家生产要求，我们劳务派遣公司的用工也要灵活供应。而我们的团队有能力做到这一点。我本人以及两位队员，在生产流程以及供应商资源上具有很好的背景。”

"锌米"夺冠演讲

2013年，在华南理工大学创业教育学院组织的以招收创业学生、辅助大学生成功创业的"创业微计划大赛"中，有一个精彩的环节是电梯演讲。其中广东正茂科技有限公司以其出色的创业项目赢得了第一名，并获得了丰厚的创业奖金。团队负责人精彩的电梯演讲为他们获得冠军立下了汗马功劳，下面是该团队的演讲稿：

多去创业岛，多了解创业知识，为创业加油助力

各位评委老师、同学们，大家下午好！我们是广东正茂科技有限公司团队，我们的产品是万有引力锌米。产品产自中国最大的原生态死火山区雷州半岛，远离工业区，保证了产品产地的安全。目前，大米市场被东北大米和泰国香米所占据，我们的产品在口感不亚于泰国香米的基础上，又含有微量元素锌，因而又具有功能性。锌对于老人、妇女、儿童的作用明显，对大脑器官效果尤其显著。我们公司背靠广东省农科院，由12位专家历时6年精心研制出了锌含量高达41mg/kg的万有引力锌米，是国内行业的最高值，是普通大米锌含量的4~8倍。产品技术过硬，目前已经获得国家专利。在当前人们对绿色生活和健康生活要求日益明显的今天，我们公司有信心为大家提供一个除了泰国大米、香米、东北大米之外的健康新选择。谢谢！

第六章

创业融资

开篇案例

毕业于清华大学计算机控制专业的硕士生郑涛，参加工作几年后，不满足于平稳安逸的现状。2000年，在经过市场调查后，他用自筹的100万元资金在北京中关村创办了以生产数字电视设备为主的北京数码视讯科技有限公司。

在100万元的资金用光后，郑涛只得拿着创业计划书，四处寻找投资商，但是一连找了18家，都被拒绝了。投资商拒绝的理由有很多，如互联网泡沫刚刚破灭，选择投资要谨慎；数码视讯产品还没有研发成功，投资种子期风险太大；等等。2001年4月，随着公司研制的新产品问世，第一笔风险投资也有了着落，清华创业园、上海运时投资和一些个人投资者共投入了260万元人民币。

2001年7月，国家广电总局为四家公司颁发了入网证，允许它们生产数字电视设备的编码、解码器。其中就有北京数码视讯有限公司，而且郑涛公司的数码视讯测试结果也是最好的。随后，各种投资者蜂拥而至。7月份，清华科技园、中国信托投资公司、宁夏金蚨创业投资公司又对北京数码视讯有限公司投资了450万元人民币。

随着公司的发展壮大，郑涛开始筹划第三次融资，计划融资2 000万元人民币。郑涛认为，产品和资金对企业同样重要，两者是相互影响的，因此产品市场和资本市场必须两手抓。郑涛打算通过第三次大的融资，对公司进行股份制改造，为公司以后在国内或者国外上市打好基础。

日本创业家中田修说："有钱谁都会创业，关键在于没有钱怎么创业。”

有创业想法但是没钱，是目前大多数饱含激情的创业者的真实写照，资金是创业者在创业道路上最大的拦路虎。

寻找开业资金的来源如同寻找识别自己的伯乐，伯乐在哪里？如何找到伯乐？

第一节 正确认识创业融资

资金如血液

在创业投资业内也印证着类似“只有爱情是不够的”定律，创业者只有热情和创意也是不够的，因为如果没钱，面对再好的想法，拥有再大的热情，也会束手无策。成立一家企业，要能事先预见需要资金的地方，包括注册资本，缴纳注册费用，购买、建设或者租赁经营办公场地，购买设备，招聘员工，等等。而这一切仅仅是开办企业之初需要用到的资金，企业成立后，在运营过程中，更需要源源不断的资金支持。资金对于企业而言，就像血液对于人的意义。作为即将迈入创业道路的你，认识到创业融资的重要性了吗？

很多创业者在创业之前，没有正确地看待创业资金的重要性，认为一开始投入就能赢利，利润能够解决创业过程中的资金短缺问题。实际上没那么简单，很多时候，一个创业项目在起步后的相当一段时间内是没有收入的，或者收入不会像预期那样来得那么容易。因此，创业之前一定要对此有思想准备，并且要对创业过程中资金的获得与使用运筹帷幄，从而不至于因为一时的资金问题而让创业团队陷入尴尬的境地。

创业是一个漫长的过程，在这个过程中，需要资金的地方无所不在，大到购买设备、租赁或者建设经营办公场地，小到购置办公需要的纸和笔等。创业者自身的启动资金往往很难满足创业发展的需要。因此，创业者应有一个融资计划或规划以指导企业的融资行为，确保企业的发展能够得到源源不断的资金支持。

融资需要成本

创业融资是一个筹集资金的过程。2007 年 2 月，福建省团委联合福州大学青年社会学专家，对福建青年创业资金来源问题进行了调查，结果显示：在接受调查的 704 名创业青年中，创业资金来源于自我积累和个人借款的有 413 人，占到 58.7%，其中 226 人是将个人或家庭储蓄作为创业资金的主要来源，占 32.1%；向亲戚或朋友借款创业的有 187 人，占 26.6%。可以发现，目前国内的创业融资渠道比较单一，创业者们应该拓宽思路，更多地吸引企业、银行、担保公司、风险投资机构等多方的关注与支持。

创业融资，按资金来源的性质可以分为：债权融资与股权融资。债权融资是指企业从外部借款，按期还本付息，一般不影响企业的股权结构。主要包括：银行贷款、向亲朋好友借贷、民间借贷和向社会公众发行债券等。股权融资是指以提供企业股权为代价筹集资金。采用股权融资筹集资金，不需偿还引入的资金，也不用按期支付利息，但会引入新的股东，改变企业的股权结构，需要按企业的经营状况分配红利。主要包括：争取国家财政投资、与其他企业合资、吸引投资基金投资、境内外公开发行股票上市等。创业者应该了解各种融资方式的优缺点、融资成本和获取条件。

“天下没有免费的午餐”，创业融资是有成本的，并且不同的融资方式的成本是不同的。资金成本，顾名思义就是创业者为获取和使用资金而付出的代价，它包括资金筹集费用和资金占用费用。资金筹集费用指资金筹集过程中支付的各种费用，例如为发行股票、发行债券支付的印刷费、律师费、发行手续费、公证费、担保费及广告宣传费等。资金占用费是指因占用他人资金而支付的费用，或者说是资金所有者凭借其资金所有权向资金占用者索取的报酬，比如股东的股息、红利、向债券持有者及银行支付的利息。创业者在进行融资决策时，需要对比不同融资方式的成本，尽可能降低融资成本，从而降低创业的风险。

寻找合适的资金

要想成功创业，创业者需要找到合适的资金。投资专家有一个比喻：如果把对创业企业的投资比作对一个学生的投资，天使投资是用来培育萌芽阶段的小学生的，风险投资则更倾向于资助具有巨大成长潜力的中学生，而私募股权投资则着眼于已经稳定的大学生。

1. 天使投资是创业企业的“婴儿奶粉”

天使投资的门槛较低，有时即便是一个创业构思，只要有发展潜力，就能获得资金，而风险投资一般对这些尚未诞生或嗷嗷待哺的“婴儿”兴趣不大。再者，对于那些刚刚起步的创业者来说，既吃不了银行贷款的“大米饭”，又沾不了风险投资“维生素”的光，在这种情况下，只能靠天使投资的“婴儿奶粉”来吸收营养并茁壮成长。

天使投资，主要是指自由投资者或非正式机构对有创意的创业项目或小型初创企业进行的一次性的前期直接投资，是一种自发而分散的民间创业投资形式。它最早起源于19世纪的美国纽约百老汇，“天使”这个词是由百老汇的内部人员创造出来的，被用来形容那些资助类似百老汇这样具有社会意义演出的富有者。当时，投资戏剧的风险很大，对于那些充满理想的演员来说，这些赞助者就像天使一样从天而降，使他们的美好理想变为现实。后来，天使投资被引申为一种对高风险、高收益新兴企业的早期投资。相应地，进行这些投资的个人就被称为投资天使、商业天使、天使投资者或天使投资家。那些用于投资的资本就叫天使资本。

投资天使在哪里？

根据美国资本主义的情况，通常，天使投资人的总资产在100万美元以上，或者其年收入至少20万美元。目前国内的天使投资者主要来自以下三种人群：

（1）曾经的创业者；

（2）国内成功的民营企业家；

（3）大型高科技公司或跨国公司的高级管理人员。

国内比较著名的天使投资者有：雷军、蔡文胜、周鸿祎、朱敏、李开复等。天使投资人投资企业后，往往能为创业企业带来深厚的人脉关系网络和丰富的管理经验等资源，并能协助培养创业团队，积极参与企业的经营管理，或给予被投资企业在经营管理上的建议。

这些天使投资人的联系方式一般不会随意贴出，但他们的公司并不难找，找到他们的公司就等于找到了他们。另外，身边的同学、朋友、公司伙伴、供货商，以及酒吧里一个与你擦肩而过的路人都可能成为你的投资天使。通常，投资天使对回报的期望值并不是很高，但也必须有10~20倍的回报才足够吸引他们。这是因为，他们决定出手投资时，往往在一个行业同时投资多个（例如10个）项目，最终只有一两个项目可能会获得成功。只有用这种方式，天使投资人才能分担风险。

天使投资人的投资决策在很大程度上是基于其个人的经验判断，不需要经过复杂的审查程序，主观性较强，资金能迅速到位。因此，在联系投资者、与投资者会面时，必须简明扼要地向投资者讲清楚企业的关键特征，例如：企业面临的市场机会、具有哪些绝对优势、企业的赢利模式、创业时机、团队成员的合理性以及投资者如何退出投资企业等。

2. 风险投资是创业企业的“维生素”

无论是百度、搜狐这样的网络公司，还是UT斯达康这样的通讯公司，创业伊始，也不过是两三个人、七八杆枪。只是因为不断得到风险投资基金的投资，这些公司才最终从一大批同类中脱颖而出。

风险投资（Venture Capital Investment）简称VC，在我国称为“风险投资”或“创业投资”，是指向创业企业进行股权投资，通常占被投资企业30%左右的股权，以期在所投资的创业企业发育成熟或相对成熟后，通过股权转让获得资本增值收益的投资方式。它投资的对象一般是高新技术产业，是一种高风险、高收益的投资。上一节中介绍的天使投资也是风险投资的一种。风险投资的起源可以追溯到19世纪末期，当时美国一些私人银行通过对钢铁、石油和铁路等新兴行业进行投资，从而获得了高回报。20世纪60年代以后，受高额回报的吸引，许多闲散资金逐渐流向风险投资事业，它们主要的投资对象为半导体、计算机、精密机器、通信、软件、医疗设备等高科技产业，并且形成了一种美国硅谷高科技产业与风险投资合作的成功模式（如一些电脑公司），促进了美国政府鼓励风险投资事业的发展，到了70年代末期，美国政府将资本利得税由49%降至20%，更造成一股风险投资的风潮。目前，美国的风险投资机构已接近2 000家，投资规模高达600多亿美元，每年约有10 000个高科技项目得到风险资本的支持。另外，英国、日本等发达国家的风险投资业也发展得较好。

自2009年10月创业板推出之后，2010年全年风险资本募集和投资的规模都创了新高，其中新募集资金为1 768.37亿元，累计投资金额为1 490.92亿元。2011年，中国创业风险投资各类机构数达到1 096家，管理资本总量达到3 198.0亿元，较2010年增加791.4亿元，增幅32.9%；新募集资本912.6亿元，2011年中国创业风险投资累计投资金额2 036.6亿元。但是根据《中国创业风险投资发展报告2012》的分析表明，中国创业风险投资的区域发展极不平衡，从创业风险投资机构数量和管理资本上来看，主要分布在江苏、浙江、广东、上海、北京这五个经济高度发达的地区。而经济发展相对较慢的中西部地区和东北老工业基地等地区的创业风险投资发展明显不足，尤其是经济落后的西部地区更为严重。

风险投资与天使投资最大的不同在于，风险投资聚集了不同个人或机构的闲散资金，为了更好地管理这些资金，为资金提供者带来良好的回报，它的内部有一套完善、标准而严格的运作程序。国内风险资本市场供不应求，风险企业要成功获取风险资本，首先要了解风险投资公司的基本运作程序。虽然每一家风险投资公司都有自己的运作程序和制度，但大致包括以下步骤：

第一，初审。筹资、管理资金，寻找最佳的投资对象，谈判并投资，对投资进行管理以实现其目标是风险投资家的基本工作。过去风险投资家要花费绝大多数时间去寻找投资机会，但是现在，随着人们创业热情的高涨，风险投资家在拿到经营计划或创业计划后，往往只用很短的时间走马观花地浏览一遍，以决定在这件事情上花时间是否值得。

第二，风险资本家之间的磋商。在一些较大的风险投资公司，相关的风险投资家会定期在一起讨论通过初审的项目，以决定是否需要进行面谈。

第三，面谈。如果风险投资家对企业家提出的项目感兴趣，他会与企业家接触，直接了解其背景、管理队伍和企业，这是整个过程中最重要的一次会面。如果进行得不顺利，交易便失败。如果面谈成功，风险投资家会希望进一步了解有关企业和市场的情况，或许还会为企业带来其他风险投资家。

第四，责任审查。如果初次面谈较为成功，风险投资家接下来便开始对企业家的经营情况进行考察，尽可能多地了解项目。通过审查程序，他们对企业的技术、市场潜力和规模以及管理队伍进行仔细的评估，这一程序包括与潜在的客户接触、向技术专家咨询并与管理队伍举行几轮会谈。除了参观公司、与关键人员面谈、对仪器设备和供销渠道进行估价外，还可能包括与企业债权人、客户、相关人员以前的雇主进行交谈。这些人会帮助风险投资家做出关于企业家个人风险的结论。风险投资对项目的评估是理性与感性的结合。其理性分析与一般的商业分析大同小异，如市场分析、成本核算的方法以及经营计划的内容等。所不同的是感性，感性在风险投资中占有一定比重，如对技术的把握和对人的评价。

第五，条款清单。审查阶段完成之后，如果风险投资家看好企业的前景，那么便可以开始进行投资形式和估价的谈判。通常企业家会得到一个条款清单，概括出涉及的内容。这个过程可能要持续几个月。期间，企业家或创业者既要了解谈判的内容，又要尽可能将条款减少。条款清单一般会涉及的内容如：风险投资家希望获得多少股份，还有谁参与项目，引入该风险资本对现在的管理队伍有什么影响等。

第六，签订合同。早期投资风险大，潜在利润高，晚期投资风险小、获利少。风险家力图使他们的投资回报与所承担的风险相适应。风险投资家根据具体情况对未来 3 ~5 年的投资价值进行分析，首先计算其现金流入或收入预测，而后根据对技术、管理部门、技能、经验、经营计划、知识产权及工作进展的评估，决定风险大小，选取适当的折现率，计算出其所认为的风险企业的净现值。基于各自对企业价值的评估，投资双方通过谈判达成最终成交价值。在多数投资协议中，还包括退出计划。

第七，投资生效后的监管。投资生效后，风险投资家便拥有了风险企业的股份，并在其董事会中占有席位。多数风险投资家在董事会中扮演着咨询者和监督者的角色。作为咨询者，他们对被投资企业的经营管理提供建议，并协助企业培养其管理团队；作为监督者，他们定期与创业者或管理层沟通，以跟踪了解经营的进展情况，定期审查会计师事务所提交的财务分析报告。一般情况下，风险投资家对其所投资的业务领域比较熟悉，所以其建议会非常具有参考价值。有时，风险投资人为了加强对企业的控制，在合同中通常加有可以更换管理人员和接受合并、并购的条款。

天使投资与创业投资的区别

项目	天使投资	创业投资
投资依据	天使投资多依据投资者自身专业背景、经验进行判断	具有详细的评估和尽职调查方式
投资规模	单笔投资规模偏小，多在100万元人民币以下	单笔投资规模大
投资轮次	一次投资，往往缺乏后续资金投入	多轮投资，往往有后续资金投入
投资阶段	种子期、初创期	主要集中于扩张期和成熟期
投资对象	具有较好增长潜力的小型项目	项目规模相对较大，商业模式比较成熟
投资风险	相对较大	相对较小
投资协议	很少规定惩罚性承诺条款，协议较灵活	正式的合同协议，往往附加各种风险控制条款
退出方式	并购和股权转让为主，一般很少参与IPO	IPO为退出战略首选

（资料来源：清科研究中心2011年10月）

在许多人眼里，风险投资家手里都有一个神奇的“钱袋子”，从那个“钱袋子”掉出来的钱能让创业者坐上阿拉丁的“神毯”一飞冲天。风险投资是一种高风险、高回报的投资，因此，一般会比较青睐高科技创业企业。风险投资家以参股的形式进入创业企业，为降低风险，在实现增值目的后会通过出售股权等方式退出投资，而不会永远与创业企业捆绑在一起。另外，风险投资家虽然关心创业者手中的技术，但他们更关注创业企业的赢利模式及创业者本人的素质与能力。

3. 银行是创业企业的“大米饭”

一般情况下，创业者需要融资时，首先想到的是银行。银行贷款被誉为创业融资的“蓄水池”。由于银行财力雄厚，而且大多具有政府背景，因此在创业者中很有“群众基础”。目前，银行贷款有以下几种情况：

个人创业贷款。是指具有一定生产经营能力或已经从事生产经营活动的个人，因创业或再创业提出资金需求申请，经银行认可及有效担保后而发放的一种专项贷款。符合条件的借款人，根据个人的资源状况和偿还能力，最高可获得单笔50万元的贷款支持；对创业达到一定规模或成为再就业明星的人员，还可提出更高额度的贷款申请。创业贷款的期限一般为1年，最长不超过3年。

商业抵押贷款。是银行对外办理的许多个人贷款，只要抵押手续符合要求，银行就不会对贷款用途做出特殊要求。需要创业的人，可以灵活地将个人消费贷款用于创业。抵押贷款金额一般不超过抵押物评估价的70%，抵押物可以是个人所有的房产、土地使用权、交通运输工具、无形资产等，贷款最高限额为30万元。如果创业需要购置沿街商业房，可以用拟购房子作抵押，向银行申请商用房贷款，贷款金额一般不超过拟购商业用房评估价值的60%，贷款期限最长不超过10年。

保证贷款。如果没有存单、国债，也没有保单，但妻子或父母有一份稳定的收入，那么这也能成为绝好的信贷资源。当前银行对高收入阶层情有独钟，律师、医生、公务员、事业单位员工以及金融行业人员均被列为信用贷款的优待对象，这些行业的从业人员只需找一到两个同事担保，就可以在工行、建行等金融机构获得10万元左右的保证贷款。而且，这种贷款不用办理任何抵押、评估手续。如果有这样的亲属，可以以他的名义办理贷款，在准备好各种材料的情况下，当天即能获得创业资金。

票据贴现贷款。指票据持有人将商业票据转让给银行，银行按票面金额扣除贴现利息后，将余额支付给收款人的一项银行授信业务。在我国，商业票据主要是指银行承兑汇票和商业承兑汇票。以商业票据进行支付是商业中很普遍的现象，但如果企业需要灵活的资金周转，往往需要通过票据贴现的形式使手中的“死钱”变成“活钱”。这种融资方式，一般在3个营业日内能办妥，远比贷款申请手续要简便，而且融资成本更低。

信用卡透支。随着商业银行业务的创新，结算方式日趋电子化。信用卡这种电子货币不但时尚，而且对于创业者来说，在生产经营中急需资金周转时，通过信用卡取得一定的资金也是可行的。信用卡透支额度根据个人的信用额度而定，从几千元到几十万元不等。使用信用卡投资虽然能方便快捷地取得资金，并且在资金使用上几乎没有任何限制，但信用卡客户使用透支额时，要支付高额的透支息，与其他贷款息相比，这无疑是天文数字。

最后，对于那些想要获得银行贷款的创业者，首先要做好打“持久战”的思想准备，因为申请贷款除了要与银行打交道，还要经过工商管理部门、税务部门、中介机构等一系列的审批。在这个过程中，手续烦琐，而且任何一个环节都不能出问题。另外，银行贷款的门槛较高，整个融资过程花费的时间较长，这也是让急需资金周转的创业企业对银行贷款却步的原因。

4. 其他融资渠道

融资租赁。在发达国家，金融租赁已经成为设备投资中仅次于银行信贷的第二大融资方式。它是指由承租人选定所需设备后，委托租赁公司（出租人）负责购置，然后交付承租人使用，承租人按租约定期交纳租金。通常，融资租赁合同规定任何一方不能中途毁约，租赁期满，承租人将租金付清后，可以获得该设备的所有权。融资租赁方式不占用创业企业的银行信用额度，并且创业者支付第一笔租金后即可使用设备，而不必在购买设备上大量投资，这样资金就可调往最急需用钱的地方。

中小企业担保贷款被誉为创业者的“安神汤”。目前，全国已有100多个城市建立了中小企业信用担保机构。这些机构大多实行会员制管理，属于公共服务性、行业自律性的非营利组织。会员企业向银行借款时，可以由中小企业的担保机构担保。其担保的贷款金额一般不超过500万元，贷款期限不超过2年。例如，2008年8月，上海浦东发展银行与联华便利签约，推出了面向创业者“投资7万元，作个小老板的特许免担保贷款业务”，由于联华便利为创业者提供了集体担保，创业者不必再提供担保，银行向通过联华资格审查的每位申请者提供7万元的创业贷款。

林先生是一位通信设备代理商，前段时间争取到了某品牌新款手机的代理权，可是供应商提出要在三天内付清货款才能拿货，而他的资金已投资在另一商业项目上，目前手头上的资金不足。他不甘心失去这一来之不易的代理权，绞尽脑汁，终于想到自己那辆“宝马”。于是，他马上开车来到典当行。业务员告诉他，当天就可以办理典当，拿到资金。林先生大喜，立即着手办理典当手续，交纳相关证件、填表、把车开到指定仓库、签合同、领当金。不出半天，他就拿到了急需的60万元，约定一个月后赎当。这笔当金帮他赚了近11万元。

典当融资，被称为创业者的“秘宝”和“速泡面”。典当是以实物为抵押，以转移实物所有权的形式取得临时性贷款的一种融资方式。与银行贷款相比，典当贷款成本高、贷款规模小，但典当也有银行贷款所无法相比的优势。第一，借款速度快。典当融资只要资料齐全，当场可以获得借款，免去了烦琐的手续；而银行信贷由于要控制信贷风险，往往要经过企业或个人申请、信用调查等环节。第二，对融资者的信用要求低。典当行只关心典当物品是否货真价实。第三，资金用途不受限制。在一些银行贷款合同中，对贷款的用途有特殊规定（例如购房贷款）；但是典当质押贷款用途可以不受限制。第四，质押范围更广。一般银行只有不动产抵押以及存款和国债等有价证券质押业务，被抵押和质押的物品一般价值较大；但是，典当行可以典当的物品起点低，千元、百元物品皆可。

第二节　不能错过政策扶持

政府基金是创业者的免费皇粮

中国青年创业国际计划（YBC，YOUTH BUSINESS CHINA），2002年1月1日在北京正式启动，通过接受社会捐赠和资助，建立青年创业专项基金，为符合条件的青年创业者提供无息启动资金和“一对一”导师辅导等公益服务。项目扶助对象是18～35岁之间、具有创业意愿和潜力的失业、半失业或待业青年。任何符合条件的青年都可以向中国青年创业国际计划项目办公室提出申请，寻求创业支持。项目办公室在收到申请后，将指派工作人员、企业家与申请者见面，帮助其制定创业计划书。在创业申请者提交创业计划书后，专家小组再对创业者进行面试评估，并决定是否为其提供创业支持。对通过评估的青年创业者，将为其提供创业启动资金，并为其指派一名创业导师。

到目前为止，YBC 在山东、上海、云南、福建、西安等多个省市成立了办公室，设立了专项青年创业基金。截至 2012 年 12 月 31 日，YBC 扶持青年创业企业累计达 6 071 家，创造就业岗位近 10 万个，YBC 导师志愿者突破 12 000 人，YBC 各地办公室网络成员增加到 56 家。具体的 YBC 创业资金申请流程可以查阅 YBC 官网（http：//ybc. cye. com. cn/Index. html）。

除了 YBC，还有创业孵化器或企业孵化器（Business - Incubator 或 Innovation - Center）。它源于 20 世纪 50 年代的美国，是指通过提供低成本的研发、生产、经营的用地，通信、网络办公等共享设施系统的培训和咨询，政策、融资、法律和市场推广等方面的支持系统，降低创业企业的创业成本，规避创业风险，为新创企业的生存和成长提供良好的发展环境和发展空间。

创业企业孵化器是培养成功的创业企业和企业家的摇篮及风险投资的理想投资场所。目前全世界已有企业孵化器 3 700 多家。我国当前已经进入创业孵化器大国行列。截至“十一五”计划结束，我国科技企业孵化器达到 896 家，孵化面积超过 3 000 万平方米，服务管理人员队伍 1. 5 万余人，在孵企业 56 382 家。创业青年可以在创业孵化器的帮助下，极为容易地融到资金以及获得其他方面的帮助。根据国家“十二五”发展规划，到 2015 年全国孵化器数量将达 1 500 家，其中国家级孵化器达到 500 家，并且 50% 以上的国家级孵化器具有天使投资和持股孵化功能。

大学生创业者的融资福利

大学生是创业队伍中一支年轻的主流力量。大学生有着年轻的血液、蓬勃的朝气，以及“初生牛犊不怕虎”的精神，这些都是一个创业者应该具备的素质。但是，大学生刚刚走出象牙塔，社会关系简单，人脉相对单薄，所以大学生创业者很难找到合适的担保人。再者他们社会经验不足，缺乏市场意识和管理经验，容易眼高手低。为了支持大学生创业，国家各级政府出台了许多优惠政策，涉及融资、税收、开业、创业培训及指导等各方面。

2013年国家鼓励普通高校毕业生自主创业政策公告显示，对自主创业高校毕业生进一步放宽准入条件，降低注册门槛，初创企业时，允许按行业特点放宽资金、人员准入条件，注册资金可分期到位。对于符合自主创业条件的高校毕业生，可以在创业地按规定申请小额担保贷款；从事微利项目的，可享受不超过10万元贷款额度的政策贴息扶持。为了使措施得到进一步贯彻实施，各地都出台了针对大学生贴息贷款的相关政策。同时大学生创业企业在管理费、登记类和证照类等有关行政事业性收费，以及营业税、城建税与教育税附加、个人所得税上都有相关优惠政策。

下面是广州、上海、北京三地大学生贷款优惠政策的部分内容。

1. 广州

广东中小企业局出台新政策，对毕业两年以内的高校毕业生自主创业自筹资金不足的，可申请不超过10万元小额担保贷款，并享受相应的财政贴息扶持。对于大学生创业企业为高校毕业生和广州市城镇失业人口、农村劳动力等创造就业机会的，也给予相应的资金补贴。具体可以查阅大学生创业网：http：//www.studentboss.com/html/news/2013-04-11/131136.htm

“助你创业·赢在广州”，是广州市人力资源和社会保障局以及广东省高校毕业生就业指导中心于2012年首次推出的，针对广东地区高校在校生的创业大赛。该比赛从每年的三四月份启动，10月份截止。在10~12月，还有大赛后续跟进事项（项目与机构进行对接）。评审团队由高校权威教授、创业投资机构高管、创业成功人士组成。大赛中获奖项目不仅可获得最高奖金3万元，还有望获得进驻市创业（孵化）基地的资格，享受园区提供的创业扶持措施。

此外，优秀项目可获得风投公司风险评估，或可申请自主创业补贴、小额担保贷款等优惠服务。在该比赛中，参赛的大学生需要进行广泛的市场调研与分析，将自己的创意想法形成一份具体、完整的创业计划书。在这为期半年左右的比赛过程中，学生们能走出校园，走进市场，初步感受创业的艰辛，为今后的创业积累宝贵的经验财富。

截至2013年，广东省建立创业基地（及科技园区）即创业孵化基地共212家，例如华南理工大学国家大学科技园创业基地等。创业基地的规模均超过3 000平方米，并具有配套的道路、水、电、排水、消防、通信、环保等基础设施。最重要的是，创业基地给予创业人员减免场地租金等优惠措施（至少2项以上）。这些优惠措施包括减免办公或经营场地租金；减免办公或经营场地物业管理费；免费提供代办工商、财税等服务；协助相关部门落实孵化企业的创业扶助资金和各项优惠政策，免费提供创业指导、政策咨询和创业信息等服务；免费开展科学种养系列培训和惠农助农系列活动（适用于农村型基地）。但是，入驻创业基地对户籍有一定的要求。广州户籍自主创业人员入驻市级创业基地经营的，可获得为期2年、每年最高5 000元的场租补贴。具体要求可以登录广州市人力资源和社会保障局网站查阅《广州市创业（孵化）基地场租补贴试行办法》具体内容（网址 http：//www. hrssgz. gov. cn）。

2. 上海

作为国际化大都市及中国经济中心的上海，每年吸引全国各地的大学毕业生蜂拥而至。而令人欣慰的是，上海在扶持大学生自主创业上也丝毫不逊色。

对于自主创业的大学生，向银行申请开业贷款担保额度最高可为 7 万元，并享受贷款贴息。从 2006 年起，上海市政府将连续 5 年、每年投入 1 亿元用于大学生科技创业基金，帮助“书生老板”厉兵秣马。最值得一提的是，上海市专门设立了大学生创业“天使基金”，该基金根据学生的申报计划，严格评估学生创业项目，评估通过者，可获得 5 万 ~ 30 万元的资金。该资金以股权形势投入到学生企业中，获利部分将成为创业者的利润，而创业失败也无须学生还款。在创业之前，专门机构还将对科技创业者进行创业培训，使其迅速拥有“老总”素质，相关部门还将为大学生免费提供代理工商注册登记、纳税申报、发票管理等服务。

另外，上海市在大学生创业企业准入以及财税扶持上也有一定的优惠，例如“零首付”，毕业两年内的高校毕业生投资设立注册资本 50 万元以下的有限责任公司可“零首付”注册，自公司成立之日起两年内缴足注册资本。具体可以查阅大学生创业网：http：// www. student-boss. com/html/news/2013 – 04 – 17/131336. htm。

3. 北京

作为全国政治文化中心的北京，拥有创业、工作的留学人员 4 万余人，占全国的 1/4，所以特别制定了针对留学人员的创业优惠政策，例如设立“北京市留学人员创业奖”和“归国留学人员创业专项资金”，奖励在首都经济建设中做出突出贡献的留学人员；建立了海淀、北大、清华、中关村丰台园等留学人员创业园以及中关村国际孵化园等12个留学生创业园区。另外还制定了相关政策，解决了留学人员出国前户籍所在地限制问题，缓解了他们在京创业、工作的后顾之忧。针对拥有北京"再就业优惠证"的人员以及持有北京户口的未就业大学毕业生想要从事个体经营或自主、合伙创办小企业自筹资金不足的，也可申请小额担保贷款。大学生创业，第一次贷款额度由5万元提高到8万元，再次贷款额度由5万元提高到10万元。

总之，各地政府都为大学生创业提供了不同额度的小额担保贷款，并且该贷款是政府贴息贷款，期限为1~2年，2年之后不再享受财政贴息。但是各地的贴息比重不同，例如广东顺德提供大学生创业贷款贴息50%，江西回乡大学生创业贷款100%贴息，也就是免息贷款。另外，在生产经营场地和财税收费上也提供了一定的优惠，例如建立了创业孵化基地、创业园、科技园等扶持大学生创业，免收一些行政事业收费以及一定年限内的税收减免。对于各地具体的创业政策，包括融资贷款、创业服务、创业培训、税费优惠等信息，以及创业贷款申请等相关办事流程都可以在各地的人力资源和社会保障局官网上查阅。另外，由于大学生接触社会机会较少，在创业之前，可以参加一些创业比赛，例如"挑战杯"、国家级大学生创新创业训练、省级大学生创新创业训练等比赛。这样，既能与社会接触，培养自己解决实际问题的能力，又能赢得大赛奖金以及获得人脉等相关资源，在一定程度上为自己的创业提供支持。

第三节　有备无患去融资

不可忽视信用与人脉

信用与人脉是创业者很重要的两笔财富。首先，个人信用是一种无形资产，特别是在组建创业团队，接触天使投资人、银行等外部投资者时，良好的信用能快速赢得创业伙伴和投资者的信任。其次，人脉资源也是一种重要的社会资本，在创业过程中，需要找供应商、找投资者、建立客户关系，这些都离不开人脉。

量身打造融资金额

融资是有成本的，企业在做出融资决策之前，应该测算融资需求规模，避免筹资过多，造成资金浪费、负债过多，避免增加融资成本和无法偿还债务的经营风险；同时也要避免筹资不足，影响企业正常经营活动的开展。因此，企业应该根据自身业务发展状况、融资的难易程度以及融资成本，确定资金需求。

企业可以通过定性或定量的方法测算资金需求。定性的方法是利用直观的资料，依靠个人经验进行判断和分析，对融资需求进行预测。在现实中，可以由熟悉企业财务和生产经营状况的专家进行预测。定性方法不能揭示资金需求量与有关因素的数量关系，所以，企业一般采用定量的方法，即销售百分比法。首先假定费用、资产、负债与销售收入存在稳定的百分比关系，通过预计销售额和相应的百分比关系来预计资产、负债和所有者权益，最后利用会计恒等式确定融资需求量。具体的步骤包括：估算启动资金（设备、生产经营场地等固定资产的资金）；测算营业收入、营业成本、利润；编制预计财务报表；结合企业发展规划预测融资需求量。

计算外部融资需求的等式为：

外部融资需求量＝预计总资产－预计总负债－预计股东权益

精挑细选融资方式

从资金的性质上看，融资方式包括股权融资和债权融资。这两种融资方式有不同的融资成本，对企业经营管理的影响也是不同的；而且，企业在不同的发展阶段，资金需求特点和融资能力也不同。所以，企业应该根据自身所处的发展阶段，确定适合的融资方式。

在创业初期，基本上以股权融资为主，特别是创业者自身及其亲朋好友的资金占绝大多数。此外，天使投资也是一条有效的股权融资途径，因为创业初期企业发展的不确定性很高、经营风险很大，很少有银行等金融机构介入。企业发展到一定规模后，其资信状况好转，具有可抵押担保的资产后，可以选择债务融资。

统筹兼顾融资期限

创业融资按期限可以分为短期融资和长期融资。融资期限直接影响资金成本，进而影响企业效益。创业者在确定融资期限时，应该考虑资金的用途。

资金用途包括用于流动资产和长期投资、固定资产。针对流动资产的融资，一般期限较短、数额较小，可以采用商业信用、金融机构短期贷款等短期融资方式。用于购建固定资产和长期投资的资金，一般期限较长、数额较大，因而可以采用长期贷款、企业内部融资、发行债券、发行股票、融资租赁等方式。简言之，“借长用长，借短用短”，长期投资的资金，选择长期融资方式；短期周转的资金，则选择短期融资方式。融资期限与资金用途相匹配的融资方式能降低企业经营的风险，防止出现“借短用长”时资金到期偿还的压力，以及“借长用短”时资金成本过高的缺陷。

胜券在握融资谈判

融资谈判是创业融资最为关键的一步，在这个过程中，创业者与投资人就融资条件、融资成本、支付方法、担保范围等融资事宜进行洽谈。

在融资谈判之前，创业者需要准备三份文件：

好的创业项目往往令众人追捧，学会有效融资

(1)《投资建议书》，简要介绍创业企业的经营管理状况、利润情况等。

(2)《创业计划书》，对创业企业发展战略、市场状况、商业模式和财务状况的详细叙述。

(3)《创业调查报告》，对创业企业的背景状况、财务稳健情况、创业团队和行业作深入调研后形成的书面文件。

同时，创业者在与投资者面谈之前，要了解投资者的一些典型提问，并准备好如何应对；还要明确融资谈判的重点，例如股权融资方式中公司的估值、债券融资方式中保护性条款、创业团队和创始人的股份行权计划，等等。此外，要清楚自己的底线，即为获得融资所能付出的最大代价。

在融资谈判中，需要注意两点：一是尽可能让投资者明白企业想要干什么，即了解企业的产品或服务；二是始终把注意力放在《创业计划书》上，避免给投资者造成泛泛而谈、喜欢幻想的印象。

第四节 案例研究

启动搜狐的天使投资

耳熟能详的搜狐 CEO 张朝阳，1981 年从西安考取了清华大学物理系，而在 1986 年——大学毕业前夕，又获得了“李政道奖学金”，获得去美国麻省理工学院（MIT）的留学资格。在美国 7 年的学习和生活中，他深深感受到了互联网的奇妙和独特魅力。于是，他下定决心——要回国创业，在国内创办一家网络公司。毕业后，他加入一家美国互联网公司 ISI，并与公司定下了“只干一年，然后自己创业”的“君子协定”。一年后，张朝阳便在自己 31 岁生日那天回国，开始了漫长的创业历程。

1996年7月，张朝阳正式开始了他的融资之旅。为了给投资人打电话，他在美国大街上的公用电话亭排队，甚至尝到过被投资人赶出办公室的狼狈滋味。回忆这段经历，张朝阳无奈地说“他们把我耍得团团转”。最后，功夫不负有心人，经过持续努力，张朝阳见到了MIT媒体实验室主任、《数字化生存》的作者尼葛罗庞蒂，这位风云人物在与张朝阳会谈之后答应给他的爱特信公司进行天使投资。

张朝阳回忆道：“最终，经过很长时间的接触才确定了三个比较有兴趣的投资人，而我已经被折磨得很厉害了。可能是因为当时我很年轻，气势很强，做事情也很专注，他们三位可能就是被我眼中流露出的对成功的欲望所吸引，才给我机会的。事实上，也是在麻省理工学院教授的引荐下，我才得到了第一笔天使投资。”

1996年8月，ITC爱特信电子技术公司（北京）有限公司正式注册。10月13日，张朝阳终于在自己的账户上看到了15万美元，这是爱特信公司获得的第一桶金，也是第一笔投资，投资者包括麻省理工学院教授尼葛罗庞蒂和斯隆管理学院的教授爱德华·罗伯特。

拿到了钱的张朝阳终于可以开始做他想做的事了。他用了两个月的时间探索究竟是做技术提供者，还是做信息提供者。最终，他决定先做一个网站，并在1996年的年底花了两万元人民币“攒”了一台服务器，并把这台服务器放到了北京电信（现在是北京网通）刚刚建成的主干网上——这是中国的第一台商业服务器托管，也是中国的第一个商业网站。随着后期的发展，张朝阳的爱特信电子技术公司（北京）有限公司成功地转型为搜狐网，并发展到今天的规模。

加速搜狐成长的风险投资

1996年拿到的第一笔投资22.5万美元（实际到账17万美元），到了

1997年9月已经消耗大半，张朝阳又开始了长达半年之久的融资之旅。在罗伯特和尼葛罗庞蒂的引荐下，张朝阳自费去美国加州见那些亿万富豪。

他先在加州的一个小旅馆住下，用绿卡租了辆车，然后用了两天时间不停地打电话与几位可能改变他的公司命运的人约定见面时间。1997年9月11日让张朝阳终生难忘，他至今仍为自己在这一天表现出来的能力而骄傲——在这一天中，他马不停蹄地见了4个风险投资人。按照事先约好的时间，张朝阳应该在早上九点先去见英特尔投资公司的人，接着是十二点与世纪投资的负责人会谈，下午三点是软银，下午五点则是后来给王志东投资的亿万富翁罗宾逊·斯蒂文。前三位投资人都在硅谷附近，而最后一位则在旧金山。为了充分利用时间，头一天晚上张朝阳利用雅虎地图已经把路线搞清，准备第二天飞车去会这4位超级富翁。但是，第一个与英特尔的会面就被推后了半个小时，虽然这是一次非常成功的会面，但当会面结束时，已经十二点了。张朝阳匆匆在麦当劳买了食物，然后一边吃一边开车赶往世纪投资。最后他见到罗宾逊·斯蒂文时，对方已经等了他将近一个半小时，但是还好，双方谈得不错，罗宾逊·斯蒂文表示出很强的投资意向（但最终没有投）。

那天张朝阳见的四拨投资人中，最后只有英特尔实际投资。后来借助英特尔在技术方面的支持，“SOHOO”网上搜索工具独家承揽了北京信息港1998年整体内容设计和发展的任务，公司展示出了极好的发展潜力，发展迅速，甚至比一般的美国风险投资公司的成长速度还要快。借助发展趋势，张朝阳又与世界最负盛名的几家风险投资公司接洽，他们踊跃投资，终于在1998年4月获得第二笔风险投资，投资者包括英特尔公司、道琼斯、晨兴公司、IDG等，共220多万美元。从1999年开始，ITC爱特信电子技术公司（北京）有限公司已积极筹划申请到纳斯达克上市。

创业大学生获千万风险投资

2011年，25岁的吴斌既是武汉大学市场营销专业研二的学生，也是武汉锐尔生物科技有限公司的CEO。该公司的生物医用膜，已顺利打入市场。

一次偶然的机会，他发现医院全部用纱布给病人包扎伤口。他对这种现象进行了仔细的了解和分析，国内传统的伤口疗法采用干燥法，用棉纱布捆绑创伤面，换药时很不方便，会撕裂病人的创伤面；而且由于纱布不透明，医护人员要频繁拉开纱布观察伤口。能不能找到一种更为理想的替代品？既减轻病人的痛苦，同时也帮医护人员减少不必要的工作。于是，吴斌跟几位同学组建了“纽绿特”创业队，并在2005年开发了面膜状创可贴“纽绿特”。2006年“纽绿特”创业团队凭借“纽绿特”创可贴在全国第五届“挑战杯”上获得金奖，此时，“纽绿特”在业界引起不小的轰动。

吴斌和他的团队在上海、广东、江浙等地上门推销他们的新发明，希望能得到投资。然而，一年下来，他们先后跑了50家企业，却找不到一家愿意投资的。原因有三：其一，对大学生创业持有怀疑态度；其二，“纽绿特”只是实验室的产品；其三，投资太大，包括建厂房、生产线等在内的整个投资至少需要500万元。

公司艰难地维持着，但是创业团队仍然坚持完善技术。终于，在2007年公司获得了第一笔资金，江浙一位老板个人出50万元投资他们的项目。产品很快走出了实验室，能替代纱布的生物医用膜也正式问世。

为降低成本，创业团队把工厂租在江夏，只购买关键设备。但是高昂的设备、员工的工资等成本投入，使公司再次陷入困境。正在这时，一位曾指导他们参加“挑战杯”的上市公司老总看中了他们的团队和产品，投资 1 000 万元给锐尔公司。

不久，活性敷料生产线在医药科技园落成，他们的生物医用膜在湖北省的省人民医院、省妇幼等医院进行临床实验。病人换药时不再因撕裂伤口带来疼痛，伤口愈合时间变快，以及医护人员无须频繁打开观察病情等事实证明，他们的产品解决了很大的问题，满足了真正的需求，一时间订单不断。

经多方测评，吴斌的锐尔生物科技有限公司将在未来 4 年内实现数亿元的经济效益。事实证明，创业融资的途径有很多种，创业者不要仅局限于专业的投资机构，还可以开拓其他的方式，就像吴斌的锐尔生物科技有限公司一样。只要项目能够真正打动潜在的投资者，真正有潜力，则融资不在话下。

巧借银行成富豪

上过“福布斯”排行榜的中国富豪陈金义，当年创业融资时也是费了一番脑筋的。当时陈金义有机会成立一家蜂蜜加工厂。投建一家蜂蜜加工厂需要 30 万元，但当时陈金义手头仅有 3 万元。他将这 3 万元存入银行，随后又利用这 3 万元做抵押，从银行贷出 6 万元；又用 6 万元做抵押，贷出 12 万元。按照这个思路，利用手里的 3 万元从银行贷出 30 万元。随着蜂蜜加工厂的成立，陈金义的事业逐渐步入正轨。人们对像陈金义这样的民营企业家的做法褒贬不一，有人说他们这是空手套白狼，但是从另外的角度来看，则是他们利用了银行制度上的缺陷，这是一种智慧的表现。

个人的利益与社会的利益是辩证统一的，像陈金义这样的民营企业家，在实现自己利益的同时也实现了社会的利益，即两者都达到了效益最大化。充分发挥个人才智、充分利用资源，正是优秀创业者的特质体现。成功的创业者能够及时发现商机，并且能够识别、获取、整合和利用各种资源，这是成功创业所必须拥有的特质。有很多人都能够发现很好的商机，但是苦于没有资源，结果使商机变成了历史。

附录
校园创业实训（基地）

创建背景

大学生创新创业实训基地作为中国教学研服务行业倡导者，正逐步发展成为中国创新创业教育、职业技能教育、高端金融教育和全面素质教育的顶级智库与技术支持机构。针对教育部“国家级大学生创新创业训练计划”，结合院校在创新创业教育发展方面积累的经验和资源，以及对大学生创新创业计划实施工作的需求，粤港澳大学生创新创业协会与广东省教育厅、相关院校合作共建“大学生创新创业实训基地（学校）”，提出整体解决方案。方案是从实训基地建设、实训环境设计、软件硬件配置、创新创业教育理念、课程体系、教材体系、师资队伍建设、培训实施、创新项目对接、创业计划、创业模拟、创业实施、创业融资、创业孵化等方面全面配套支持的综合解决方案。力求将院校“大学生创新创业实训基地（学校）”建成为全国重点、地区标杆型创新创业实训基地（学校），为学校创新创业教育发展、理论与实践教学创新、科研成果转化提供长效支持。

大学生创新创业实训基地的建设核心目标是开拓发展为一个优秀创

业型人才培养、创新项目孵化输出的实践基地。以“关心、扶持、资助大学生自主创业、成就梦想”为宗旨，在提供创业实践教学平台、系统化的创业教育课程的同时，为院校创新创业教育搭建一个“项目挖掘+创业导师+天使投资”的创业服务，即邀请优秀企业家、公司高管、高校学者组建专家顾问委员会指导学生的创业过程，引进创业、风险投资基金对大学生的创业项目进行注资启动，把实训基地作为学生创业的“梦工厂”，以特色学科建设为基点，塑造创业文化，渲染高校创业知识氛围；以创业实践辅助为拓展，开启学生创业探索之路，点燃创业激情，实现创业梦想。

实训基地（学校）是根据高校在校生毕业生的特点和需求构建的。除了向学生提供创业就业的政策咨询、信息服务、项目开发风险评估、培训指导、融资服务、跟踪扶持等一条龙服务外，还专门针对用人单位的技术要求，直接训练和招聘在校生，力求每年向大学生提供直接就业岗位。

创业实训综合解决方案

创新创业实训基地，紧紧围绕当前我国大学生创新创业教育中存在的问题，按照教育部“大学生创新创业训练计划”实施工作的要求，结合院校实际情况，提出“集中建设、广泛培养、重点扶持”的建设理念，即积极调集社会资源共同创建创新创业实训基地、完善资源配置，广泛培养大学生创新创业意识、创新创业能力，进行创新实践、创业模拟，对优秀创新成果、创业项目进行重点扶持，树立标杆典型，进而激发学生创新创业热情、参与实践。方案内容涵盖创新训练项目、创业训练项目、创业实践项目三个部分，是集大学生创新能力素质培养、创业实务能力提升、创业项目实施指导、创业就业服务支持于一体的整体解决方案。

方案通过三个支撑平台的搭建、全方位的服务支持，为院校学生提供创新创业实践的广阔舞台。以创新实训基地定点联网构建实施创新训练的基础，配以创业训练、孵化基地的建设，完成创新创业实训基地的整体构建；通过大学生创新创业实训基地公司全线明星产品、实训软件、管理系统、数据库的搭载，创新科技硬件设备及仿真环境的布局设计，满足学校实施“大学生创新创业训练计划”的全部设施要求；在此基础上，专业完善的创新创业教育与培训体系，通过课程设置、师资建设、教材配套等进一步充实创新创业实训基地的内容。

创业实训基地核心优势

大学生创新创业实训基地项目的核心优势主要体现在以下六个方面：

（1）领先思维，助力院校持续发展。

作为中国教学研服务行业领导者，大学生创新创业实训基地积极吸收借鉴全球领先的创新实训教育理念与实验室构建思想，结合我国国情及院校特色与发展方向，以强大智力支持、技术支持，量身打造“大学生创新创业实训基地”，为院校高速、全面、可持续发展推波助澜。

（2）高新科技，引领校园创新建设。

实训基地配备高科技软硬件设备，大学生创新创业实训基地特色大屏展示系统，行业领先数据与信息资讯终端，各领域尖端实训软件、多点触控电子沙盘的搭载，整合业界优势资源，打造独一无二的高科技实训基地，引领信息时代高校创新创业实训教育发展与建设。

（3）开阔视野，洞悉行业发展脉络。

特色高科技大屏集成系统嵌入设计，带来无比开阔视野，远程互动教学研讨、创新创业实训信息传递，成为院校对外展示的全新窗口；行业资讯终端与精准数据库资源，为行业分析研究提供坚实保障；独家增值服务、活动运作，创业大赛、名家讲坛、高端会议、学术交流、对外考察等活动为师生进一步拓宽视野；强大智库支持，更可为院校未来发展献计献策。

（4）仿真模拟，体验创业真实情境。

大学生创新创业实训基地研发团队基于业界真实应用软件，根据学生知识转化、技能培养、创新实验、创业模拟各环节特点，开发设计的集教学实训、仿真模拟于一体的实训软件，可以让学生熟练掌握创业所需技能。此外，实训室仿照职场真实工作环境进行布局设计，可让学员身临其境感受创业实战氛围。

（5）强大功能，覆盖丰富行业领域。

实训基地可供训练的内容涵盖财经商贸、社会服务、物流、计算机等专业领域，亦可根据学校学科专业实际情况和个性化需求，拓展定制更多专业领域及特训资源。同时将知识传授、技能培养、实操训练、仿真模拟融为一体，全方位打造各领域创新型人才和大学生创业者。

（6）集中投入，良性循环，一劳永逸。

项目资金集中投入，受益无穷。当年建设，当年使用，当年见效；可快速进入运行环节，形成创新创业人才培养良性循环。大学生创新创业实训基地大力确保项目建设与运行维护品质。产品质量、售后服务质量双重保障。全程实施项目管理，保证项目建设高效完成；售后运营维护，第一时间做出反应。每年更新升级，使基地实训资源永不落伍。

创新训练体系与导师支持

主要结合院校现有创新性公选及专业课程、学科专业特色的创新性实验课程，形成创新训练课程体系。大学生创新创业实训基地将根据需求提供相应资源、协助开发整合创新实训课程，培养学生创新意识、创新技能，鼓励学生进行创新实验、科学研究。

与此同时，精选各学科专业有丰富教学经验和操作技能的教师，作为学科专业创新训练导师，为学生提供创新训练指导，引导学生进行创新实践、发明创造和科学研究。

创新训练活动运作

在创新实践教学和创新科研活动的基础之上，邀请创新创业专家顾问团队以及学校创新训练导师，参与每年举行一次的高校创新创业教育交流研讨会或高峰论坛，即让学生接受创新实训教育、创业启蒙培训的同时，充分发挥大学生的创造性、主动性，培养创新思维、创新能力，指导学生深入了解学科专业、行业趋势和市场需求，提出创新项目和思路，创新研究方法和技术手段，进行专业的挖掘分析。

同时，大学生实训基地学生创业就业服务中心将联合实训基地、大学生创业俱乐部、创业天使投资联盟分会等机构共同举办大学生科研成果、专利项目对接会。针对大学生的发明专利，可以通过专利项目对接会，获得投资人投资，实现专利市场化应用。同时，将未推向市场的专利纳入专利项目储备库，可以通过后续专利项目对接会，授权给大学生创业团队，让大学生创业团队挖掘与应用，并推向市场，实现专利的市场转化。

创业训练课程体系与师资培训

为了帮助院校迅速建立起专业的创业教育培训体系以及高质量的创业师资团队，大学生创新创业实训基地综合解决方案设计了集中式创业师资培训与学生培训课程，帮助师生从意识精神、业务流程、管理技能等多方面提升学习，从而带动学校创业教育全面开展。

（1）创业教育学员培训。

针对大学生创业培训分为“创业启发”“创业准备”“创业练兵”“创业拓展”四个环节，设计 10 个课程合计 120 课时进行授课教学。创业启发系列课程主要从创业家素质和精彩创业案例入门，激发大学生创业意识和热情；创业准备系列课程主要从创业机会挖掘和项目评估分析铺垫，开拓大学生创新思维和才智；创业练兵系列课程主要从创业企业内部体制和市场营销开拓，灌输和提升大学生创业实施运作技能；创业拓展系列课程主要从公司发展融资和风险控制渠道，开阔大学生创业项目发展运作知识。

（2）创业教育师资培训。

针对创业导师的集中培训包括：涵盖创业教育和创业投资模块的创业训练导师课程，以及涵盖创业实训与创业指导模块的创业实践导师课程。此外，为保证创业师资质量及教师的知识更新频率，特推出创业师资的持续进修巩固课程，通过大学生创新创业实训基地远程视频讲座实现。

创业实训基地建设合作模式

创业实训基地采用"院校——大学生创新创业实训基地"合作共建模式：

院校负责提供场地及硬件设施建设（大学生创新创业实训基地将提供设计建议）。

大学生创新创业实训基地将以特别优惠的初购价格以及部分免费赠送的方式，提供软件及配套资源、服务。院校负担后期的运行服务费用，如师资培训课程、学生培训课程支持、创业融资支持等。

大学生创新创业实训基地专门机构——学生创业就业服务中心将于项目建成后实行全面对接服务支持，为基地提供实训软硬件更新维护、创新创业教育与培训实施、创业讲师／导师师资培训、学生创业活动运作、创业项目融资孵化支持等一系列的专业服务。

粤港澳大学生创新创业协会

广东南学英才投资管理服务有限公司

大学生创业联盟网网址：www. eshowo. com